小さな町の教育長

北川昌宏

風媒社

小さな町の教育長

はじめに

私が「小さな町の教育長」をテーマに自らの考えを整理してみようと考えたのは、愛知県内で最も面積の小さい豊山町《とよやまちょう》の教育長に就任して間もない頃であった。

愛知県の離島、日間賀島《ひまかじま》で生まれ育った私は、中学校卒業と同時に親元を離れ、高校時代を下宿生活で過ごしている。当時は高校で学ぶことが当たり前の土地柄ではなく、自分が進学できたことに感謝しながら、ひたすら学ぶことが自分のすべてであったように思う。高校入学当時は、日常の言葉遣いから理科の実験レポートの書き方に至るまで、「内地」の生徒との違いは歴然としていて、中学校までの学習レベルについて質・量ともに大きな差があることを日常的に感じていた。

若い時に誰もが描くであろう漠然とした夢や希望を持ち、生まれて初めて島を出た私は、それまで考えたこともなかった教育の地域間格差の現実を身をもって体験することとなった。このことが自分の進路にも影響を与えたことは明白で、その後、気がつけば教育関係法規や教育行政の仕組みなどについて関心を持つようになっていた。愛知県庁に入庁した際には、何のためらいもなく教育委員会への配属を希望し、希望がかなったときには、高校時代から疑問を持ち続けてきた課題に直接向き合うことができることをとても嬉しく思った。

入庁後まもなく、町村の教育長で構成する愛知県町村教育長協議会の業務を担当することになったのも何がしかの縁を感じる。当時、愛知県内五七町村のうち一部の町村において非常勤の教育長が存在することを知ることとなり、教育委員会制度が十分に浸透できていない現実に正直驚いたことがある。この課題は昭和二三年の教育委員会法制定時までさかのぼって考えなければならない。

戦後の民主化政策の一環として導入された教育委員会制度は、その設置単位について、当初、町村まで直ちに導入することには少なからず躊躇があったという経緯があり、現在でもその課題は目に見えない形で尾を引いているように思う。人口や面積、財政力など地方自治体の規模は直ちに政策実現のための財源や人材確保に影響を及ぼすが、規模の小さな自治体において教育法制が想定する教育行政の組織体制を十分に整備することには自ずと限界があり、ここに町村の教育行政の根本的な課題が存在するのではないかと若い頃から考えてきた。私自身が「小さな町の教育長」に着任することになり、長年こだわり続けてきたその疑問への答えを現実のものとして実体験することとなった。

いたずらに年齢を重ねただけで、しかも、人望のない私が町の教育行政の最前線で働くことに相当無理があることは自分自身が最もよく知っている。背中を押したのは、ここまで私を成長させてくれた「教育行政」そのものに従事することによってわずかながらも恩返しができるのではないか、また、自分の乏しいながらもこれまで培った知識や経験が愛知県内で最も小さな町のために少しでも役に立つのではないか、そして、そのことを通じて教育の地域間格差についていて、もうしばらくこだわり続けることができるのではないかという気持ちであった。

しかし、現実はなかなか思うようにいかないのが世の常であり、改めて自分の未熟さを知るところとなり、恩返しどころか多くの皆様のお世話になり、またも勉強をさせていただく日々が続くこととなった。よくよく仕事とは人をつくるものである。

平成三〇（二〇一八）年八月にサッカー日本代表の新監督に就任した森保一氏は「覚悟と感謝。この二つの気持ちを持って、職責を全うしたい」と語っている。レベルが違い過ぎて比較するのも失礼極まりないが、組織の大小に関わらず、それぞれの身の丈はあるものの職責の重い新たな立場に就く者なら誰もが少なからず思う偽りのない、的を射た言葉だと思う。

愛知県内の市町村の特徴でもあるが、教育長の大半は愛知教育大学出身の小中学校の校長経験者である。県庁の行政職員出身者が町の教育長に就任することは愛知県内の市町村では異例で、私が知っている限りでは過去に市教委で一例あったものの町教委では例がないと記憶している。加えて、統計上の直前歴が再就職での「会社役員」として整理されているのは全国的にも例は少ない。後になって知ったが、私の就任当初、他の市町村教育長の間では少なからず私の言動を様子見する空気も一部にはあったらしい。こうした雰囲気の中で、長年こだわり続けてきた教育行政の課題にまさに現場で直接向き合うこととなった。

豊山町という小さな町で教育委員会制度はどのように機能しているのか。教育委員会事務局の管理運営はどうか。首長部局や町議会との関係などはどのように相互作用しているのだろうか。こうしたことに強い関心を持ちつつ、実務レベルまで深く関わる中で「小さな町の教育長」が驚き、とまどい、躓《つまず》きながら日々思ったところをまとめてみた。改善や見直しを試みたいと考えた課題はあまりにも多く、限られた時間の中でできること、できたことはあまりにも少ない。愚直な生き方しか世の中を渡る術を知らない小さな町の教育長の思いを記してみた。

目次

一　町の教育長

教育長の一日

県教委での経験から教育長の職務や日常的な日課はある程度イメージしていたが、町の教育長の日常もなかなか多事多端である。

私は、遠距離通勤ということもあり毎朝五時に起床している。まずは、朝刊二紙に目を通し、朝食を済ませて七時前に自宅を出る。電車とバスを乗り継ぎ八時過ぎに登庁をする。コロナ禍では、教育長室の椅子に座らないうちから町内小中学校のコロナ感染状況の報告を受け一日が始まっていた。その後は、会議や行事に出席するかまたは教育長室内で検討や相談、報告などの打ち合わせが続き、すきま時間を利用して決裁文書に印鑑を押す。日程が入っていない時間は新たな資料や国や県からの通知文書に目を通す時間に充てることにしている。最近では、ネットによる情報が文書による通知よりも早いために国等からの文書は確認の意味合いが強いことがある。しかし、中には改めて通知文書を読むことによって報道とは異なる印象を持つこともある。

　小さな町の教育長といっても、その所管事務自体は規模の大きな自治体と異なるものではなく、学校教育から生涯学習まで幅広く、実に多くの出来事があり、日常的に迅速かつ的確な対応を求められる。現にあることばかりでなく、将来を見据えた施策の検討もしていかなければならない。また、国や県の動向もできる限りぬかりなく情報収集していく必要がある。

　休暇が取りづらいことはどこの町村教育長でも共通の話題である。理由は明確で、生涯学習事業の大半は土日・祝日に開催されることが多く、一方で平日は会議や打ち合わせがあり休んでいては迷惑をかけるのではないかという意識がどうしても先に立ってしまう。割り切りひとつだとは思うが。

　コロナ感染症の影響で夜間の懇談会（宴会）が極端に減ったのは、正直言って高齢の身には体力的に救われた思いがある。朝の出勤時と異なり、帰宅のためのバスや電車が思うようにはならず、時にはほろ酔い気分で自宅の玄関にたどり着くまでに二時間を要することは当たり前のようにあった。

　酒を酌み交わし食事をしながらの語らいを楽しむことによって、円滑な人間関係やコミュニケーションを築いてきたことは長い役人生活の中でたくさんあった。時には仕事上の課題解決のきっかけをつかむこともあった。私のように古い体質の者にとっては、コロナ禍で職場の懇親会がなくなり、歓送迎会や忘年会も消えてしまったことは、職員間のコミュニケーション確保の点からも目に見えない大きな痛手だと思う。

そういえば、マスクを外した顔を長い間見たことがない職員も相当数いる。相手の表情を拝見しながら、直接話し合うことは円滑な人間関係を築くための基礎基本であると思うが、コロナ禍ではこうしたことさえ難しくなっていた。多くのことを吸収しなければならない時期にある若い職員にとって、この現象は将来的にどのような影響を与えるのだろうか。

慌ただしい時間はあっという間に過ぎ、午後五時一五分に庁内放送で勤務時間終了を知らせる「家路」（ドヴォルザーク）が流れる。あれこれ考えながら一日が終わり、帰宅のために今日もバス停に立っている。

朝のあいさつ

教育長に就任して間もなく、教育委員会事務局の職員に向けた独自の研修をしたいと考えた。しかし、一方で職員の勤務時間や拘束時間を増やすことになってもいけないと思い、月に一回だけ私から朝のあいさつを行うこととした。基本は、教育委員会制度の概要をしっかりと理解していただくことをテーマとし、教育委員会と首長・議会との関係、教育委員会の所管事務など法的な基礎知識から始めることとした。その後、文書事務の基本、企画文書の作成方法などその都度、時宜に応じた内容を考え、月初めに五分間程度、Ａ４判一枚のレジュメを作成し話をしてきた。

教育長室には大きな応接セットがある。昭和時代を想起する革張りの椅子で、来客時以外にはほとんど使用していない。職員との打ち合わせは、私の執務机の横に会議室から借用した長机を置き、もっぱらその椅子に掛けて行うこととしている。

書類が見やすく、メモを取りやすい姿勢で、目の高さを同じにし、時間はかかるかもしれないが職員が作成した資料の説明を受け、内容の検討を行い、お互いの職場研修の場にしたいと考えたからである。私はこの時間をとても大切にしてきた。その趣旨は、朝のあいさつとほぼ同じである。

どのような課題も、まずは背景にある事実関係を正確に把握すること、これは問題の所在を明確にすることでもある。次に課題に係る基礎知識を頭に入れ現状を分析してほしい。その上で課題の整理をしていけば、その先に対応策が必ず見えてくると考えてきた。

そうした事項をＡ３判一枚の用紙に簡潔明瞭にまとめ上げてほしいと常々職員に要望してきた。文書にすることは、口頭では得られない正確性と記録性が担保できること、まとめることを通じて課題の重点が明確になり論理性も養うことができるからである。さらに、資料作成の中で国や県の情報を収集、他の自治体との比較分析などを行い、内向きの町内事情ばかりではなく、社会全体を俯瞰する視点も身に付けてほしいと願ってきた。その過程こそが職員の能力を伸ばすと考えている。

教育長室での検討の場では、私が話す時間がどうしても多くなってしまい、反省することもたびたびあった。また、老害のせいか、以前話したことを繰り返してきたことも再三である。少しでも私の役人人生の失敗体験を伝えておきたい、つらいことは山ほどあるが耐え忍んで乗り切ってほしい、私のお粗末な経験と知識から少しでも学んでほしい、そういう気持ちばかりであった。受けとめ方によっては自慢話の類もあり、職員の皆さんには本当に迷惑であっただろうと思う。よくぞ耐えて聴いていただいたと感謝するばかりである。

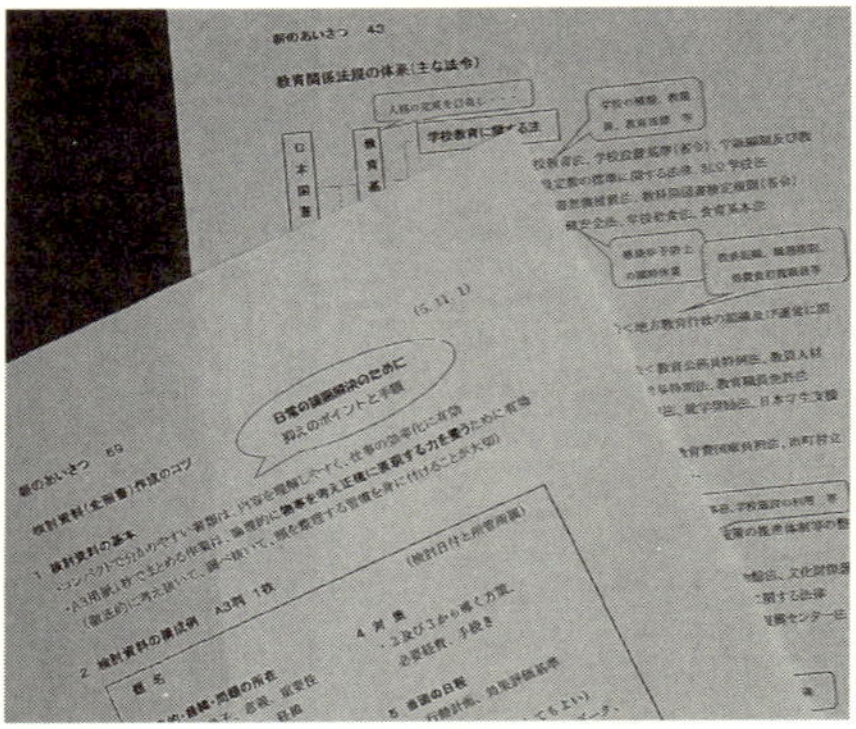

朝のあいさつ　レジュメ

私が小学生の時、朝礼でこんな場面があった。校長先生がやかんとコップを持って朝礼台に上がったのである。何が始まるのかと思っていると、コップの口に向けてやかんの水を注ぎ始めた。水はすぐにコップ一杯になった。次に、コップの口を横に向けてやかんから水を注ぎだした。当然ながら水はコップに入らない。その後、校長先生は「人と人の会話は、やかんとコップの関係と同じ。いくら熱心に話しても相手が耳を傾けなければ何も通じない。やかんとコップの口がお互いに向き合ってはじめて会話は成り立つ」と話された。

私は、六〇年前に島の小学校の朝礼で聴いたこの話を最近よく思い出すのである。自分の話はどこまで聴いていてもらえているのだろうか。また、私は職員の話をしっかりと聴いているのだろうかと。

朝のあいさつは、教育長に就任して三ヶ月後から始めたから、任期を無事全うできれば六十九回で終わる。私もよく勉強させていただいた。私の拙い話の内容が少しだけでも職員の記憶に残ればこれほど嬉しいことはない。

夜七時からの会合

豊山町の面積は六・一八平方キロメートルと狭小で、愛知県内で最も小さな地方自治体である。全国的に見ても一七〇〇を超える地方自治体の中では十九番目に小さいというデータがある。そのうち三分の一を県営名古屋空港が占めるために町民が居住する地域は四平方キロメートル程度である。町域が小さいことは、行政区域の広い自治体に比べ、行政手法や施策、町民と行政との距離感などに目に見えないうちに様々な影響を与えている。

長年、この町に住み、この町で働いている人たちからみれば何の疑問もなく受け入れられていることが、私のように他地域から通勤している者にとっては、いろいろな場面で驚くことが多くある。その一つが、町民参加型の諸会合の開始時間である。その多くが午後七時から開始され、中には終了時刻が午後九時近くになるということがある。豊山町に赴任した当初、午後七時開始と聞いて、参加する高齢者の安全や町職員の負担はどうかと疑問を投げかけたが、町内や近隣市町から通勤する職員が大半を占める本町では全く問題にはなっていないことを知った。

町民と役所との距離が物理的に近いことは、町の行政手法にも影響を与える。例えば町民と町長との懇談会では夜七時開始にも関わらず、町内三ヶ所で多くの皆さんが参加され、活発な意見交換が行われた。町民の代表で構成する町議会は、町民の意見を吸い上げ、町に対して様々な課題を提起し、施策を決定するという間接民主制が建前であるはずであるが、面積の狭い本町では、町議会議員を越えて、あるいは町議会議員も交えて、直接町民と町とが意見交換をする場面が多くある。私の知る限り、このことに対して議会から異論が出ることもなく、自然体で受け入れているのである。

審議会などの会議についてもこうした傾向があるように思う。専門家の高い見識や経験あるいは町民からの幅広い意見やアイデアを町の施策立案に反映していくことは必要であり、その一つの手段として審議会などの会議が設置されることがある。豊山町では町内在住の団体代表の方が審議会等の構成員になることが一般的になっている。当然のことながらこうした皆さんからは身近な話題や要望とも受け取れる意見が多いように思う。町民の意見が生の言葉で直接、役所に届くという意味では、地方自治の本旨のひとつの柱である住民自治の原則が無意識のうちに成り立っているのかもしれない。町という単位は最も基礎的な自治体であり、地域に密着したまさに「地方自治の現場」である。

子どもたちとの交流

仕事の性格上、町の教育長は小中学校の児童生徒や地域住民と直に接する機会が日常的にある。町の教育委員会という教育行政の現場に勤務したお蔭で県庁では体験できない出会いや出来事に何度か感動したことがあった。その一つが「適応指導教室」での子どもたちとの交流である。

平成の時代が始まるころから、不登校児童生徒は年々増加傾向をたどるようになった。文部科学省は、不登校対応策の一つとして「適応指導教室」の設置を推進し、児童生徒が同所で学習等の指導を受け、一定要件を満たした場合、所属校長は当該児童生徒を「出席扱い」にできることとした。

豊山町では、平成九（一九九七）年一〇月に西春日井郡内で他の自治体に先んじてこの教室

をスタートさせていた。教室は町内の生涯学習施設の一角に設置されていて、私も機会を見て

は訪問してきたほか、「記念祭」などの行事に参加するなど児童生徒との交流を楽しみにしてきた。

ある日、偶然、その場に居合わせた時のことである。所属校からある生徒へ個別連絡に来た担任の先生を出口まで見送る際に、生徒が実に丁寧に頭を下げ、自らの言葉でお礼を言っていた光景に接した。私などが思う以上に、大人に対して気遣いをしているのではないか。しっかりと前を向き、自分の気持ちを伝えていたその姿が忘れられない。

また、ある年度では美術の得意な生徒が多く在籍していたことがあり、行事への招待状や教室に展示した切り絵などは力作ぞろいであった。絵を描くことが得意な生徒の中には本が好きで静かに読書を楽しむ生徒もいた。油絵を少しだけたしなむ私は、言葉数こそ少ない彼らと美術談義の交流を楽しませていただいた。

児童生徒には、この教室に通う様々な理由があるが、総じて素直で個性的で私たちに礼儀正しく接してくれていたことが印象深い。ほんの少しの出会いであったかもしれないこの子らが自分自身を大切にし、たくましく成長して人生の荒波を力強く乗り切ってほしいと心から願っている。そして、絵が得意で礼儀正しいあの子どもたちがこれからも長く美術を愛し続け、その才能を大いに伸ばしてほしいと祈っている。

「適応指導教室」について、設置当初は児童生徒の学校への復帰、つまり「学校への適応」を主たる目的としてきたが、近年では児童生徒の社会的自立、居場所の提供、対人関係の改善など多様な役割を果たすようになってきた。この場所が、学校への適応という意味では目先の目的にこだわることなく、広い視野で子どもたちを受け入れ、「生きる力」を育むことができる教育機関になることを期待している。

その名称を子どもたちの成長を支援できる機関にふさわしいものに変更し、その置かれている位置付けもさらに明確にしていくことが望ましいと考え、令和五（二〇二三）年度から「豊山町教育支援センター」に改めた。

教育長室での出来事

教育長室にいるといろいろなことに遭遇する。部屋では来客対応の他は、様々な課題や施策の検討のために圧倒的に多くの時間を費やしてきた。そうした雑然とした日々の中でも時には心が癒される場面を何度か経験することがあった。

一通の手紙

旧給食センターの老朽化に伴い、最新の衛生管理基準に準拠した新しい給食センターの建設に教育長就任時から関わったことは、今では懐かしい思い出となっている。建設過程での住民説明会をはじめ調理部門の委託に伴う給食センター従業員への説明、町議会での議論、国への補助金要望活動など盛りだくさんの仕事量だったことを昨日のように覚えている。

新しい給食センターが令和二（二〇二〇）年秋に稼働して一年半が経過し、アレルギー食対応や調理部門の民間委託などの課題が一つ一つ解決し、やっと新体制が軌道に乗り、ほっと一息ついていた頃であった。

給食センターに中学校の卒業生の保護者から一通の手紙が届いた。

そこには、給食センターで働く人たちに対して、給食の献立表から味付けに至るまで、きめ細やかな感想が述べられ、実に心のこもった九年間の感謝の思いが丁寧に書き込まれていた。日々おいしく食べていただいた給食の様子が家族団らんの楽しい話題となっていたことが手に取るように理解できたのである。

その手紙をいただくまでの一年間、新型コロナ感染症拡大に伴う学校休業明けの簡易給食の実施や給食期間の変更など、予期せぬ出来事が次々と発生していて、委託事業者と教委事務局職員とが協力しあい何とか乗り切ってきた年度末であった。

コロナ禍では、給食センターで働く調理員は自分だけではなく家族の感染にも気を付けなければならない。緊張の中で日々の業務をこなしてきた状況であっただけに保護者からの感謝の手紙はこの上もない励みになった。

　とかく教育行政に関しては、その関心の高さや誰もが身近な問題として受け止めるだけに厳しいご意見をいただくことが多い。新しい給食センターの稼働に至るまでにも、町議会での活発な議論や体調を崩しながらも懸命に頑張った職員のことなど思い出深いことがたくさんある。

　その中でも特筆したいのは、新しい給食センターの組織体制が職員の体調不良等で危機的な状況にあった時に救済の手を差し伸べていただき、給食アレルギー対策導入に至るまで実に多くの的確な指導・助言をいただいた一人の有識者の存在である。私が県教委時代から交流のあったその方は、学校現場から県教委へ、そして大学の教壇へと活躍の場を広げ、現在に至るまでなお各地で指導にあたっている。新設間もない給食センターの栄養教諭に欠員が生じてしまった際には、代替の指導者の手配まで引き受けていただくなど、言葉では言い尽くせない格別のお骨折りをいただいたことは忘れることができない。

　学校教育は、教員はもとより給食センターで働く調理員など実に多くの職種の人たちの尽力によって支えられている。こうした職員への励ましの言葉や温かい心遣いが、教育関係者にとってどれほど大きな力になっていることか。

　この一通の手紙は、教育長在任中で最も嬉しかったことの一つである。

突然の来客

寒い冬の日、突然の来客があった。教育長室の暖房の調子もよくなかったせいもあるが、その女性はコートを着たまま消え入りそうな声で、「ある犬のおはなし」という本の紹介をはじめた。殺処分をされる運命にある犬の話である。その本を小中学生に読んでもらいたい、ついては各校に一冊ずつ寄贈するのでぜひ紹介してほしいということであった。その女性について何もわからないまま、私はその場で本を読み、説明を伺いながら、その女性の静かな熱意に打たれ、町内の学校に紹介することを約束した。

後日、そのうちの一校から児童の読書感想文が返ってきた。本の内容は視点によってはとらえ方が難しく、校長が熟慮の末、児童に読み聞かすこととしたのである。この提案を受け入れ、真摯に向き合ってくれた校長の姿勢、そして女性の気持ちが学校に通じたことを本当に嬉しく思った。

児童が書いた多くの読書感想文をその女性に送付したが、一年以上も音沙汰がなく心配していたところ、当時崩していた体調も回復し、すっかり元気になった姿で再度の訪問を受けた。殺処分される犬や猫などについて考えようという活動を続けているとのことであった。決して自分の考えを押しつけることなく、控えめながらもしっかりと訴えるその女性は、今回は明るい笑顔とともに帰ってきた。

読書感想文を書いてくれた小学校で女性の特別授業「命の授業」が催された。彼女は「命が当たり前に守られる社会になるためには、幼い頃からの教育ほど大切なことはない」と言う。私も参加させていただいたが、静かに話す女性の声に児童はじっと耳を傾け、一人ひとりが様々なことを考えたようであった。命の尊厳、家族、思いやり、人間と動物……考える視点はたくさんあるだろうが、子どもたちには忘れられない授業になったと思う。

社会には、私たちが日常生活で気づかない課題がたくさんある。受け止め方も様々であるが、自分はこう考えるがどうだろうかという、控えめな問題提起の仕方もあることをこの女性に教えていただいた。

根本的な解決はもちろん、共通理解を得ることだけでも難しい課題だと思うが、この活動を元気に続けてほしいと心から願っている。

部屋の窓から

教育長室の窓は北側にあり、織田信長が築いた小牧山城を遠くに見ることができる。また、名古屋空港から飛行機が飛び立つ様子を日常的に眺めることができる。町の職員や来客用の駐車場も眼下にあって、一日中、人の出入りが切れ目なく続いている。

コロナ禍のある昼の休憩時に見かけたことである。職員が駐車場の車の中で昼食を食べている。役場庁舎には食堂や休憩所はあるが、必ずしも広いものではなく、また、「三密」（密閉・密集・密接）を避ける趣旨から食堂も利用制限がある。職員の中には、昼の休憩時間に町内の飲食店や中には自宅で昼食をとる者もいると伺っているが、車の中というのには正直驚いた。若い職員は、こうしたことを苦痛に思わず、むしろ望んで行うということも聞いている。

長い役人生活から実感することであるが、同僚や先輩等とのいわゆる「仲間うち」で行う何げない会話を通じて、若い人材はいろいろなことを学び、育っていくのではないかと思う。私自身も宴席や食事など仕事とは別の場面の交流によって、先輩方からずいぶん多くのことを教えていただいたものである。スマホなどによるやり取りもよいが、対面で行う、本当にたわいもない会話の中から、円滑な人間関係や集団でのルール、心遣いの仕方など社会を生き抜いていくためのたくさんのヒントを学んできたように思う。

情報化社会の中で効率的に必要な知識や情報を取得できる時代である。いたずらに時間を浪費する仲間との雑談は無駄が多いと受け止めることもあるかもしれない。豊山町の職員は自家用車で通勤する者が多く、これにコロナ禍の制約が加わり、退庁後に気軽に職員同士で飲食をすることはなかなか難しい。

研修の充実ももちろん大切であるが、昼休みなど休憩時間に職員が談笑する場のさらなる整備など、福利厚生施設の充実を提案することは余計なおせっかいだろうか。心の健康管理、円滑な意思疎通を図る仕組みづくりなどは、ソフト・ハードの両面で様々な観点から役場の職場環境が整備され、若い職員の成長にこれまで以上に役立つのではないかと思う。

こんなことを考えている頃、偶然にも価値観の多様性に関する意見に触れる機会があった。新聞で目にした「異なる価値観や考え方を理解するために、物差しを増やして」という某大学総長の言葉である。

社会が成熟して人々の価値観や考え方が多様化してくると、自分の経験や知識だけにこだわりを持った思考だけでは通用しないことは明らかである。上司や同僚との会話を通じて様々な意見や価値観を共有しあった中から、落としどころを見出して、初めて物事を円滑に進めることができるのだろう。このためには、時間や労力をこれまで以上に費やす必要があるかもしれない。飲み会などで先輩から後輩へ価値観を強要する時代では最早なくなったことは間違いない。

昼の休憩時間に部屋の窓から、車の中で昼食をとる職員の様子を何げに拝見したことから、ついついあれこれと考えてしまった。

仕事への姿勢

役所に勤める者として心掛けたいことの一つに、社会の動向を俯瞰する視点を常に持つように努力することがある。日頃から新聞や書物を通じて知識・情報を得、社会を見る眼を養っていくこと、あるいはその習慣だけでも長い年月を重ねるうちにゆるぎない財産になっていくものと信じている。私事で恐縮だが、朝一番で朝刊に目を通し、通勤電車内は主に読書時間に充ててきた毎日であったが、五〇年近く続けた今、その時間は膨大なものになっている。

町教委の職員には、特に新聞をよく読んでほしいと話してきた。社会の動向を学ぶことにより、目の前に起こった出来事を自らの仕事と関連付け、その重要性や緊急性を即座に判断してほしいからである。私が結構「職務命令」のつもりで出した「宿題」に予想以上の時間を要することがあった。理由の多くは、こちらの指示内容や回答期限に具体性がなかったためと反省するが、一方で現に在る社会の出来事を自らの職務と関連付けることができさえすれば重要性や緊急性は言わずもがなと思っていたこともある。

また、上司から基本方針が出されない限り、課題に対応するために自ら動くことを遠慮または躊躇しているのではないかと思われる職員を見かけることがあった。日々の研鑽の中から得られたアイデアや対応策があれば、遠慮することなく率直に上司に提案する姿勢は大切にしてほしい。上司に意見を述べること、ましてや提案や上司の意に沿わない考えを述べることは役人にとって大変な勇気のいることである。それを受け入れる上司の度量の深さも求められる。大切なのは、お互いの意見に耳を傾け課題を整理し対応策を見出す、その努力を惜しまないことである。上司も部下も、日常の業務を受け身ではなく常に問題意識を持って臨む姿勢が望まれる。

思うに、豊山町に限らず規模の小さな自治体では職員定数も少なく、一人の職員が多くの職務を抱え込まなければならない現実がある。「広く浅く」職員の守備範囲を決めざるを得ないのである。定型的な業務以外に、とりあえず困らない余分な「宿題」を与えられたらかなわないという気持ちも理解できる。日常的に取り組まなければならない定型業務は重要性がないかというと決してそうではなく、町民生活に直結した大切な業務が山のようにあるのだ。

そうした状況を前提として述べるが、新たな課題に関する検討資料を拝見すれば、その「宿題」に対する担当職員の問題意識の深さや取り組み姿勢は一目瞭然である。時には国や県の資料のコピーあるいはインターネットからプリントアウトした資料が「そのまま」の形で提出されることがある。これを検討の場で今から読みこなさなければいけないのかと唖然としてしまう。課題の要点をまとめ、関係データを整理し、対応案までも記載した「検討資料」として作り上げる習慣を体にしみ込ませるには多くの時間と努力を要する。若いうちから習慣づけをし、できることから地道に取り組む以外に方法はない。

教育長に就任して、良くも悪くも想像を超えたことはいくつかあった。その最たるものは、町の行政と町民との距離感の近さであることは述べた。長く勤務した県庁では市町村を介して仕事をすることが多く、住民とは一定の距離感があった。こうしたことを差し引いても、豊山町は町民と行政との距離が本当に近い、場面によっては渾然一体の感もある。行政区域が極めて小さいことが大きな要因と思われるが、町民目線の行政が行われているという点で何物にも代えがたいメリットでもある。しかし、時には町職員は、行政の専門家としての知見に基づいた確固たる意思あるいは行政側の論理を通すことも大切で、その立場で何をすべきか、何をしてはいけないのか、町の行く末に対して責任を果たす覚悟を常に持つ必要がある。このようなことはあり得ないと信じているが、特定の町民の意見に過敏に反応してはいないか、あるいは声の大きな人の意見に翻弄されてしまい、自らの行政のプロとしての見識や本来の行政目的を見失ってしまうことはないか。長い目で判断すると、それは決して町民全体の利益にはつながらない。

町職員として、「静かな大衆」の声にじっと耳を傾け、自らの知識や経験を信じて、適正なプロセスを経て、適切な判断を下していく確固たる意思の強さもまた必要であろうと思う。

かつて、私は尊敬する上司からこういう言葉を聴いている。「熟慮に熟慮を重ねた意思決定ほど不人気で、評価されることはないものだ」と。新たな負担や制約を住民や職員に課す意思決定は、実に勇気のいることであり、万人から理解を得ることもなかなか困難である。しかし、五年後、十年後には、その意思決定に対して正しい評価が下されるのではないか。そう思って、最善を尽くして判断した仕事を信じていくしかない。

「私の立場では……」

最近、何度かこの言葉を耳にすることがある。いずれも県教育委員会のしかるべき立場の方の言葉である。愛知県では、学校現場から多くの教職員が指導主事等の肩書で県教委の重職に就き、数年後に小中学校の校長として復帰することが一般的である。町の教育長はこうした方たちと日常的に意見交換をする機会がある。

令和五年九月以降、児童生徒の「学ぶ（ラーニング）」と保護者の「休暇（バケーション）」を組み合わせた「ラーケーションの日」の実施計画が県教委主導のもと各市町村において進められている。この制度は、社会全体の「休み方改革」を促進するために児童生徒が平日に学校外で保護者とともに自主学習活動をする機会を設けようとするものである。児童生徒は学校を出席扱いとなるため、いわば児童生徒の「有給休暇」とたとえる声もある。この制度が今後どのように進展するのか私には予測できないが、おそらく県教委の強力な「指導」により、何らかの形で制度として定着していくものと思われる。

令和五年の春以降、半年間のうちに教育関係団体や市町村教委に対してこの制度の導入に関する意見聴取が何度かあったが、この提案が、とりわけ義務教育の根幹に関わる課題を包含していると思われるが故に慎重な検討が求められ、様々な懸念事項が指摘されてきた。主だったものだけでも、例えば、学校で学ぶことの意義（従来からの学校観の見直し、不登校対策との整合など）、制度設計から実施までの拙速感（提案から半年後のしかも年度中途の導入の理由）、家庭間格差の顕在化リスク（家庭の教育力や経済格差による学習体験格差）、教職員の業務の煩雑化（出欠席管理や給食の食数管理等教員の働き方改革への影響）など、極めて重要な課題がいくつも指摘されているのである。

「休み方改革」の趣旨は理解できる。学校教育に対する多様な意見があることも承知している。それでもこの制度に対して私が気にかかるのは「学校の役割」に関する十分な議論の有無である。学校は様々な家庭環境の児童生徒が一堂に会して学ぶ場である。いろいろな意見はあるものの平等性や機会の均等を重視することにより児童生徒の学習体験の格差を抑制する役割を果たしてきたのである。今回の制度はこの格差が拡大されることを助長するのではないかと私は危惧している。まさに従来の「学校観の見直し」ではないか。

私はこうした学校の役割について県教委等からの意見聴取や会合で何度か発言をし、制度導入までの慎重な協議と学校現場との意見のすり合わせなどを求めてきた。その度に県教委の担当者から聞かされるのが「私の立場では……」である。既に導入時期も決定され、そのためには十分な協議をする時間的余裕はないということだろうと思われるが、「私の立場」では何が発言できないのだろうか。学校現場の豊富な知識や経験がある「私の立場」であるからこそ、町の教育長に本音で語り、あるいは真摯に耳を傾け、その声を吟味してほしいのである。「私の立場」で町の教育長と本音で語れないとすれば、そのこと自体が別の意味で大きな問題であるように思う。

私たちは、職務上の立場と私的な立場とで異なる見解を持つことは常にある。しかし、個人が培った知識や経験に裏付けられた知見は、時には施策の検討過程で職務上大いに活かされなければならない。

時々、公的な立場の方が「個人的には」と断ってから「本音」を語ることがあるが、これなどは発言の責任の所在をあいまいにしつつ、自らを安全な場所に置き、何とか施策は実現していただきたいなどとする効果を狙っているのだろうと思う。「個人的には」と付け加えなければ、言い訳や説明ができない施策とはどういうものだろう。結果的にその職務にある者自身が腹に落ちていない状況にありながら、やむを得ず心にもない説明をしていると受け止められてもしかたがない。「私の立場では」本音が語れない施策もおそらく同類なのだろう。

義務教育が大きな節目の時期にあることを実感する。およそ三十五年間、地方の教育行政に従事した者から見ていると、理屈ではなく自ずと見えてくるものがある。政治のある種パフォーマンスと見紛うような施策を前に教育関係者が口を閉ざし、政治的中立性、安定性や継続性を理念とする教育委員会制度の劣化さえ感じることもある。こうした時期であるからこそ、地道に教育に携わっている者が余分な枕詞を付け加えなくとも本音で語ることができる、地に足の着いた議論を積み重ねながら、新しい施策に取り組む姿勢が求められるのだと思う。

イチローさんのこと

元大リーガーのイチローさんは豊山町の出身である。豊山町役場にはイチローさんと豊山小学校や豊山中学校をともに過ごした職員も何人かいて、町内には一緒に野球をしたことがある方もいる。私はイチローさんの大ファンで、彼が日本のプロ野球で活躍していた時には、毎年のようにナゴヤドームに観戦に出かけていた。自分が関わっていた知多市内の少年野球チームがイチロー杯争奪学童軟式野球大会第二回大会（平成九年）で準優勝し、子どもたちがイチローさんから表彰されて以降、ますますファン度が増すばかりであった。かつて、イチロー杯の決勝戦のために野球少年たちと訪れていた豊山グラウンドを二〇年後の今、仕事として自ら所管することになろうとは想像もしていなかった。

イチローさんは、文字どおり不世出の名選手であり、出身地豊山町の誇りである。誰をも魅了する野球のプレイはもちろん、野球に取り組む姿勢や考え方は多くの人々の心をつかんでいた。私も新聞等で拝見する彼の記事を職場の挨拶でたびたび引用させていただいてきた。

例えば、こんな話である。イチローさんは試合開始の四時間も前から誰もいないグラウンドに姿を現し入念な準備運動を行い、それから一時間後に他の選手と一緒に全体練習を行ってきたということ。さらに、試合前に素振りや打撃練習で十分に体をほぐす。そして、試合開始の瞬間からトップギアに入るというのである。一番バッターであるから、その気迫は敵味方を問わず全体に影響することをよく意識した行動なのであろう。

私たちにあてはめるとどうだろう。勤務時間の開始は、野球で言えばプレーボールである。この瞬間に果たしてトップギアにあるだろうか。人それぞれ個性や生活のリズムが違うから、すぐに仕事に取り掛かることのできる人もいれば、時間をかけながら取り掛かる人もいるだろう。

勤務時間の考え方もいろいろあると思うが、私は勤務開始時間にはすでにエンジン全開で仕事をしている状態であるべきだと思っている。それまでに職場に到着していればよいというものではない。何十年も前にかつての職場で見かけた風景であるが、スポーツ新聞を小脇に抱え、時間ぎりぎりに席につくなどということは、今では考えられないことである。今のご時世では、そういう人はもちろんいない。野球選手でも公務員でも、仕事に向かう姿勢というのは常に誠実で謙虚でありたいものだと思う。

令和元（二〇一九）年一二月に、二十四年間続いたイチロー杯争奪学童軟式野球大会はイチローさんの大リーグ引退を契機に閉幕することとなった。豊山町の社会教育センターで開催されるこの表彰式にイチローさんは毎回必ず出席し、野球少年や少女に向けて様々な言葉を贈ってきた。

最後のメッセージでイチローさんはこう語っている。「厳しく教えることが難しい今の時代に、誰が教育するのかというと最終的には自分で自分を教育しなければならない。自分自身で自分を鍛えてほしい」、さらに続けて「今の時代はスマホでいろいろな知識は得られるが、実際に外に出て体験をしてほしい」。

子どもばかりではなく大人にも通用するこの言葉を聞いた時、私は真っ先に「自学、自治、自鍛」という言葉を思い浮かべた。一般的には聞きなれない言葉であるが、私の母校である愛知県立半田高校の校訓として、長年にわたり受け継がれている言葉である。半田高校の前身である愛知県立第七中学校の創立時に初代校長が残した言葉として伝えられている。現役の生徒は、この言葉から「人を思いやりながらも、自ら行動し、前進する力」をうかがい知り、現在で言うところの「自主自律」と受け止めているようだ。

価値観が多様化し、情報があふれ、ややもすると自分を見失いがちになる昨今である。豊かな社会にあって、大正時代に創設された我が母校の校訓がひときわ重い意味を持っているように思う。世代によって受け止め方は異なるだろうが、私はイチローさんの言葉の力点は「自鍛」にあると思っている。ただひたすらに自らを鍛え続けているイチローさんの生き方そのものに思えるからである。

さて、イチローさんが引退した時のことである。町議会の本会議をはじめいろいろな場で「イチロー出身地の教育長」としての所感を尋ねられたことがあった。問われること自体、大いに誇りに思うことであるが、教育長として特に子どもたちに対して何かできることはないかと常々考えていた。しかし、イチローさんというあまりにも大きな存在に向かい、小さな町の教育長に何ができるのか、その術さえ知らないのが現実であった。

その頃、イチローさんが国内各地で高校生らを対象に野球指導をしている報道にしばしば触れる中で、思いついたことがある。イチローさんの直接指導を実現することは極めて困難なこととしても、豊山町の野球少年の夢や希望をイチローさんに聴いてもらえないだろうか、子どもたちからの手紙を受け取っていただけないだろうかということである。

イチローさんの野球に向かう真摯な姿勢や生き方そのものを豊山町の子どもたちに何とか伝えたいという、ありのままの気持ちを私はイチローさんの窓口となる機関にあて手紙を書いてみた。その後、半年が経過し、あきらめかけていた時に朗報が届いた。とにもかくにも、当方の気持ちが届き、豊山中学校野球部員の手紙をイチローさんのもとへ届けていただけるというご返事であった。野球部員には、さっそく自分の夢や希望を自らの言葉でイチローさんに宛て、一生懸命に書いてもらい投函をした。こうしたことは豊山町の教育長でなければ体験できないと思うだけで私自身もワクワクしたのである。この年（令和五年）の夏に豊山中学校野球部は愛知県大会で準優勝をし、東海大会まで駒を進めることができた。野球部のこの活躍は、イチローさんが豊山中学校三年生の時に全日本少年軟式野球大会に出場し、三位入賞を果たして以来の快挙と伺っている。

話はそれるが、豊山町と友好交流のある米国ワシントン州グラント郡の政府長官らがイチローさんの母校豊山中学校を訪問されたことがあった。イチローさんの母校であることに大変な関心を持ち、校内にある写真などを興味深くご覧になったほか、かつてイチローさんが野球で汗を流した中学校のグラウンドでキャッチボールをするなどとても喜ばれたことがある。アメリカでも未だにイチローさんの人気は衰えていないことがわかる出来事であった。

ひとつだけ、この場を借りてイチローさんの偉業を後世に永く伝えるための提案をしたい。それは、彼のモニュメントを町内に設置できないかということである。打席でバットを右手に縦に構えるあのポーズをデザインしたらどうだろう。豊山町のランドマークとなるにちがいない。

国民栄誉賞でさえ、その受賞を何度か固辞されたということからも、その実現はとても難しいことだと承知しているが。

二　教育委員会制度のあり方

教育委員会の生い立ち

戦後の民主化政策の一環としてアメリカの教育委員会制度を参考に昭和二三（一九四八）年に日本に教育委員会制度が導入された。教育改革の基本的な方向は教育の政治的中立性確保や教育における地方自治の尊重などであり、当初は教育委員の公選制が採用されていた。教育委員会は、まず、都道府県と五大市（大阪市、京都市、名古屋市、神戸市及び横浜市）において同年一一月一日に法定による義務設置がされたが、同時に愛知県内では一宮市と半田市においても任意に設置されている。

私の出身地である愛知県知多地域は昔から学問や教育に関心が高く、米沢藩主の上杉鷹山の師として有名な細井平洲を輩出したのは現在の東海市であり、トヨタ中興の祖といわれる石田退三らが学んだ鈴渓《れいけい》義塾《ぎじゅく》は常滑市にあった。愛知県立半田高等学校の前身である県立第七中学校や高等女学校の開校には地域を挙げての誘致活動が活発に展開されていた歴史があるが、こうした背景には常滑市の窯業や半田市の醸造業や繊維産業などが古くから栄えていたことと無関係ではない。学んだことが実際の社会に役立つ実業教育が盛んであった点では一宮市と半田市で共通していたのではないかと思う。ちなみに愛知県立一宮高等学校の前身は県立第六中学校である。

市町村の教育委員会は昭和二五（一九五〇）年一一月一日までに設置されるものとして教育委員会法では規定され、設置までは市町村の教育事務を都道府県が所管することとなっていた。昭和二五年の愛知県の市町村数は一一市七七町一三一村の計二一九市町村であったが、戦後間もない町村にとってアメリカ流の教育委員会制度を導入することは容易ではなかった。その理由は、規模に関わりなくすべての町村に教育委員会を設置し、教育長には「教育職員の免許に関して規定する法律」に定める免許状が必要であったこと、また、教育委員の公選制などもあって、当時の実情から、直ちに教育行政の地方分権化・民主化を整備し、合議制による教育行政機関を設置することは相当困難であったからだといわれている。現に、教育委員会の設置単位、つまり町村にも設置する必要があるのかといった問題も、なお議論が継続していたのである。教育委員会法に教育事務を共同処理するために設ける町村の一部事務組合の設置が規定されていたのは、こうした背景があったからだといわれている。

昭和二四年五月には法改正によって市町村教育委員会の設置時期は暫定的に昭和二七年一一

月一日までに延期され、さらに翌二五年五月には、市においては昭和二五年一一月一日または同二七年一一月一日のいずれか、町村においては同二七年一一月一日と定められた。昭和二七年を迎えてもなお文部省（現文部科学省）は市町村教育委員会の一律設置を時期尚早と考え、さらに一年延期する案を国会に提出したが、同年八月の国会解散により審議未了となる中で教育委員会制度は昭和二七年一一月にすべての市町村でスタートすることとなった。

こうした経緯から私が興味を持つのは、規模の小さな町村にまで例外なく教育委員会制度を導入することの可否について、当時から懸念する動きがあったことである。昭和二五年当時、愛知県は二一九市町村で人口は約三三九万人、そのうち市は一一で二〇八は町村であったことを考えると一町村ごとの人口規模は想像以上に小さなものであっただろう。この町村に有資格の教育長を置き、さらに教育委員は公選制とするなど、運用面はもとより、その人的・財政的負担を考えると教育委員会設置は町村にとって容易なことではなかったと推察できる。加えて、当時は戦後の新しい学制施行に伴う校舎等の施設整備費と教員給与費の確保が地方自治体レベルではとても処理しきれないほど膨大な国家的な財政問題として重くのしかかっていたのである。

教育委員会法に代わり「地方教育行政の組織及び運営に関する法律」（以下「地教行法」という）が昭和三一年一〇月一日に施行される。教育委員の公選制を廃止するなどして現在に至るまで地方の教育行政の組織や運営について基本的な仕組みを規定した法律となっている。

教育委員会制度と町の事情

規模の小さな町村では職員の数が元々少なく、役場の職員は一人でいくつもの業務を担当しなければならず、日々の仕事を処理することで手一杯だという現実がある。一方で地方自治体は規模の大小に関わらず、地方自治法などの規定により一定の公共事務は必ず行わなければならない。例えば、地方自治体の存在意義そのものでもある住民福祉のための事務（学校、保育園の設置管理、道路や下水道整備などの社会基盤整備など）をはじめ、地方自治体組織を維持するための事務（財務や人事事務等）に至るまで地方自治体固有の自治事務が細かく規定されている。そのため、職員数が少なければその分だけ職員一人ひとりが処理しなければならない業務や分野が拡大し、自ずと知識や経験は広く浅くなるのは物の道理である。

教育委員会などの行政委員会は、首長部局と同様に執行機関でありながら、その制度の複雑性から定期人事異動で部局間を跨《また》ぐことを常とする職員が教育委員会制度の詳細までも理解することは容易ではない。昭和二七年の教育委員会の設置からおよそ七〇年が経過したが、この間、日々の事務処理に追われて瞬く間に年月が過ぎていき、教育委員会と首長部局との違いなどにいちいちこだわる時間はなく、それ以前に一人ひとりの職員がしっかりと法制度の勉強をするゆとりすらなかったというのが現実であろう。法律が想定した教育委員会制度を理想どおりに機能させることは、多くの事情が複雑に絡み合う地域の現場を前に本当に困難なことだと改めて思う。

教育長に就任して間もない頃、役場の中でこのような光景を拝見したことがある。町内で火災が発生した時のことである。それまで通常のデスクワークを行っていた職員が突然駆け出し、男女を問わず防災服に着替え、何人かは役場の駐車場に常駐してある消防車などに乗り込み出動していくのである。防災関係職員に限らず町民の命や財産を災害から守るという、最も基本的な地方自治体の仕事を実践している状況を目の当たりにすると、職員が法制度上の理屈をどうこう語る時間的余裕もないことを妙に納得せざるを得ない。

役所の仕事を進めるためには、様々な政策判断をする以前に、判断するための基本的知識や情報を頭の中にすり込む必要がある。しかし、一人で何役もこなさなければならないという規模の小さな職場の現状と職員の苦労も理解しなければならない。職員個々のスキルアップに頼るだけでは解決できない、また、組織の小さな町の特殊性ということだけでは片付けられない重い課題が現に存在するのである。

職員定数のあり方について、規模の小さい自治体ほど職員一人ひとりの適正な配置、つまり適材適所に細心の注意を払う必要がある。職員数は町域の面積など地理的条件やそれに伴う支所、出先機関や公の施設の数にも関連するため、人口だけで一概にその適正度を評価することは容易ではない。しかし、一度で良いから課単位または係やグループ単位で事務量計算を行い、総事務量の把握と各所属間の事務量の相対的な比較を役場全体で行うことを提案する。

事務量計算の最も単純な方法は、職員一人ひとりが担当する事務一つ一つを処理するために要する実時間を一年間分積み上げた数値と、規定上の勤務時間×勤務日数の数値を比較してみるのである。前者が後者よりも相当程度高い数値であれば、定数増を検討するか、または事務の再配分を検討する必要がある。これを役場全体で行うことにより職員定数配分の最適化を考えるのである。さらに職員個々の適性や能力差を加味し、かけ合わせることにより組織の効率化と人材活用の適正化を図ることができる。

現在、各種行政手続きをはじめとした業務のデジタル化が進んでいる。そのために要する経費の積算もさることながら、デジタル化を検討する前提として現在の総事務量とその内容を正確に把握しておくことは必須であると思う。民間研究機関に調査委託をする方法もある。

さて、行政委員会制度に話題を戻すと、笑うに笑えぬ話を経験したことがある。「行政委員会」とは、首長部局から独立して、例えば農業委員会のように専門的・技術的性格を求められる分野や、人事委員会のように中立・公平性を求められる分野、そして教育委員会のように安定性・継続性・政治的中立性を求められる分野に設置される「執行機関」である。

こうした教育委員会などの行政委員会が、附属機関や審議会の名称である「委員会」と混同されてしまうことが現実にある。かつては愛知県内の町村に多数の非常勤教育長が存在したほか、地方自治体によっては現在でも首長部局の「部」と並列した形で「教育部」という組織を見かけることがある。行政委員会である教育委員会の事務局をこのように称していると理解しているが、一部の役所ですら「教育委員会」は教育委員によって構成される「会議のひとつ」と誤解されているのではないかと疑ってしまうことがあった。また、「教育委員会会長様」や「豊山町役場教育部御中」という宛名の文書を拝見したことがあるが、役所の内外を問わず教育委員会制度そのものが本当に理解しがたい制度であることを改めて考えさせられた経験であった。

教育委員会制度が理解されにくい原因は、制度そのものが持つその複雑さにもある。同じ執行機関でありながら合議機関である教育委員会と首長との関係、また教育委員会と議決機関である議会との関係性だけでもその説明は一筋縄ではない。ましてや様々な行政分野に従事してきた町職員が、たまたま人事異動によって教育委員会事務局に配属された場合に戸惑うのはやむを得ないことである。

教育委員会事務局に配属されると、事務局と学校との関係も、首長部局の本庁と出先機関との関係とは少しばかり異なるところとなり、戸惑いの一因となっている。校長の権限も、学校教育法などの規定により首長部局の出先機関とは異なる法制度上独自のものがあり、本庁が上部機関、出先である学校が下部機関とは単純には言い切れない仕組みになっている。また、市町村立小中学校教職員の身分関係（任命は県教育委員会で身分は市町村職員）をはじめ、給与の扱いや服務監督のあり方も複雑で理解の困難さに拍車をかけている。

ここで任命権についても少し触れておきたい。行政委員会である教育委員会は、首長部局とは別にそこで働く事務局職員について人事異動や服務監督権等を内容とする任命権を有している。しかし、実態は組織の規模が小さいがゆえに、首長部局で一括してこれらの事務を行い、辞令の発令権者名などの形式を整えるに過ぎない町村も実態としてあることだろう。こうした事務は地方自治法上、補助執行や事務委任として整理され、一概には違法とは言えないものではある。

したがって、教育委員会事務局に所属しながらも、指揮命令系統のトップは首長であると誤解し、あるいはそうすることが効率的で得策であると心得ている職員もいて、人事や予算を所管する部局に対して教育委員会事務局職員はいとも容易に従う構図が出来上がる。世の常とも言えるこうした傾向に対して、物わかりの悪い私は、執行機関としての教育委員会の独立性が頭をよぎり少しばかりの違和感を覚えるのである。十分な職員数が確保できないといった事情もあるなど、直ちにこれを批判するものでは決してないが、決裁のあり方や教委事務局職員の服務監督のあり方等を日常的に見るにつけ、ここにも規模の小さな自治体に教育委員会制度が根付いていくことの限界を感じる。

それでも小さな町や村には教育委員会が必要かということになるが、答えは躊躇なく「イエス！」である。小さいがゆえに財政的にも、物理的にも、時の政治の動向に直に影響を受けやすいことは明白で、だからこそ政治からの中立性、教育行政の継続性・安定性を理念の柱とする教育委員会制度は必要なのである。教育委員会という制度的な歯止めがあってこそ、かつて学校教育が政治に翻弄された歴史の反省が活かされる。教育行政に従事する者は、いつの間にか教育に浸み込んでくる様々な社会の動向に常に敏感である必要がある。

教育委員会が処理しなければならない教育に関する事務は、地方自治体の規模に関わりなく自治体における教育行政の組織等の基本を定めた地教行法や社会教育に関する自治体の任務を明らかにした社会教育法などでしっかりと定められている。学校など教育機関の設置・管理をはじめ、児童生徒の入学や転学、学校への指導、学校給食、社会教育、スポーツ振興、文化財保護など幅広く所管することとなっているほか、人的には指導主事や社会教育主事など必置の職が定められている。

豊山町に限らず、財政規模の小さな町村の多くはこうした法律上の要請や国・県の指導に十分応えきることができない現実がある。私が教育長に就任してまず着手したのは、教育委員会がその役割と機能をいっそう発揮するための事務体制の整備と強化であった。学校教育係と生涯学習係を課に格上げするとともに指導主事一名を増員していただいた。また、教育委員の処遇改善、教育委員会会議の運営方法の改善、審議会等各種委員会のあり方の見直しに取り組んでみた。法律に基づくいじめ対策への体制や学校事務の共同処理システムなども整備を進めることとした。

生涯学習分野に目を向ければ、文化財保護などに従事する学芸員、図書業務を担当する図書館司書など専門的・技術的な分野を扱う職員を十分に配置できていない町村が大半であろうと思う。こうした制度は国の交付税措置の活用により担保できていると考えるのが建前ではあるが、豊山町のような財布の小さな不交付団体では極めて厳しい対応をせざるを得ないことになる。

教育委員会制度がこれまで以上に理解され、教育行政がいっそう充実するための支援方策はいくつかある。そのひとつに愛知県教育委員会が行っている派遣指導主事制度がある。市町村教育委員会においては、管内の小中学校の適切な管理運営が業務の中心であり、そのために多くの時間と労力を費やしている。その中心的役割を担う指導主事など専門的に学校教育に精通した者を教育委員会事務局に配置し、常に学校現場を支援する十分な体制を整えておく必要がある。

愛知県の派遣指導主事制度ではその給与の二分の一または三分の一を県が負担して市町村へ派遣することとしている。ただ、従来からの課題として挙げられるのは、派遣される教員の多くは校長や教頭職であるが、指導主事としての派遣期間中、派遣先で管理職に就かない限り、校長等としての管理職手当や教職調整額は、管理職でもなく学校現場でもないことから支給が停止されることである。学校現場に勤務する場合と同等の処遇をするなど十分な配慮をすることが求められる。

もうひとつ、自治体が主体的に行うことができる施策として、教育行政に精通した行政職員の計画的な育成を提案したい。複雑な教育委員会制度をしっかりと理解するためには、相当期間、教育委員会事務局に在籍し多種多様な経験を積み重ねる必要がある。そして、首長部局の行政職員に対しても教育委員会との関係をはじめとした、教育委員会制度全般について概要だけでも研修などにより一通りの理解をしていただく必要がある。

小中学校に勤務する教員は、市町村の枠を越えて人事異動があり、かつ、県教育委員会を任命権者としていることから、一般的に自治体職員に比べて配属された自治体への帰属意識は希薄であることが多い。一方で、教育委員会制度に精通している自治体職員自体が必ずしも多くない現状から、教員を同一の市町村身分職員としてどこまで理解しているのか疑問に思う場面がある。組織が一丸となるためにも教育委員会制度理解のための研修を幅広く継続的に実施していただきたいと思う。

三十数年前に教育委員会の活性化ということが盛んに叫ばれ、教育委員会会議の見直しや教育委員への研修などが活発に行われていた時代があった。その中で、県教委の担当者として教育委員会制度の要点をまとめた市町村教委研修用の小冊子「教育委員会制度のあらまし」を作成したことがある。現在も改訂を重ねて県教委で作成されていると思うが、是非とも町の職員にも目を通していただくことを希望する。

さて、前述した通り、教育委員会制度が立ち上がった当初、教育長には一定の資格が必要であった。学校教育に関する専門的知識という観点でとらえると、私の教育長就任時点で愛知県内五四市町村の教育長の前職を見ると十数市町村は行政職出身、他は小中学校教員出身者で、その大半は愛知教育大学卒の方たちである。学校教育は市町村教育行政における中心的な業務であり、教育長に教員出身者を配置する意味は大いにあると考える。しかし、一面で教育に関わる行財政上の課題、生涯学習の振興や福祉施策など他の行政分野との連携など教育行政のトップとして教育長が承知をしておくべき守備範囲は相当広いものがある。

市町村ごとの事情は異なるが、職員数が少ない町では、教育に関する知識や経験に加え、教育長自身が一定程度の行財政の知識や経験を備えていることが望ましいと思う。幅広く業務をこなす必要があるのは一般職員に限ったことではなく、教育長ですら例外ではないからである。

ちなみに、愛知県内の市町村教育長は教員出身者が多いとはいえ、大半の教育長はそれまでの経歴の中で愛知県や市町村教育委員会事務局において一定期間の行政経験を積み重ねていることを付記しておく。

生涯学習に関しては市町村によって、その所管も含め多様な考えがある。近年では、中学校の部活動の地域移行など生涯学習の視点からも首長部局との連携強化がいっそう重要になっている。生涯学習については後ほど述べることとする。

非常勤教育長

町村における教育委員会制度が十分に浸透せず、その成長が遅れていた象徴的な事例がある。愛知県内の町村教育長で構成する愛知県町村教育長協議会に私が初めて関わりを持ったのは、昭和五四（一九七九）年のことであったが、当時の愛知県下八八市町村のうち二八町村において教育長が「非常勤」という異常とも言える事態となっていた。理由として教育長にふさわしい人材の不足が挙げられ、その給与等も必ずしも職責に相応したものではなかった。

教育委員会制度発足当時は教育長が資格職種であったため、初期の人材不足は理解できるとしても、長期にわたるその状態は愛知県の町村教育行政の特異性でもあった。後年、当時の文部省職員にこの課題を話したところ、愛知県という大都市圏でしかも財政的に比較的恵まれている地域における事実に驚きの声があったのを覚えている。教育委員会制度の複雑性に加え、愛知県域全体に独自の教育事務共同方式が立ち上がり、長年にわたって一部とはいえ基本的な教育事務を代行していたことが、個々の町村教育行政の成長を結果的には遅らせた大きな要因のひとつと考える。しかし、それにしても教育長が非常勤という事態は、その職責を考えると信じられない状況であった。

当然のことながら、愛知県内の町村教育長で構成する町村教育長協議会としても最重要課題として、それらの改善に粘り強く力を注いでいた。当時、私も県教委の担当者として同協議会の役員とともにこの課題解消のために愛知県町村会や同町村議長会を毎年のように訪問し、非常勤教育長の解消と処遇改善、退職手当の改善などの要望活動を続けていた。義務教育における都市部との地域間格差をはじめ生涯学習体系への移行などの重要課題は、こうした基本的な教育行政の組織体制の整備から、まずは考えていかなければならない状況であった。

社会の進展とともに教育に関する課題が複雑多様化する中で、町村教育長の職責の重要性も改めて理解されるようになり、非常勤教育長は平成元（一九八九）年四月には一一町村に減少し、平成四年九月をもって消滅している。

教育委員会制度の曲がり角

平成二六（二〇一四）年に地教行法の大きな改正があった。文部科学省の改正通知をみると、改正の目的として「教育の政治的中立性、継続性・安定性を確保しつつ、地方教育行政における責任体制の明確化、迅速な危機管理体制の構築、地方公共団体の長と教育委員会との連携の強化、地方に対する国の関与の見直し等制度の抜本的な改革を行うもの」と記されている。

この改正で「責任体制の明確化」とあるのは、執行機関としての教育委員会の代表者であった「教育委員会委員長」と事務の統括者である「教育長」を一本化し、新「教育長」としたことである。このことは、かねてからわかりづらいとされてきた教育行政の第一義的な責任者を明確にしたことで意義はあると思う。

私が懸念するのは、首長に設置義務を課した「総合教育会議」のあり方である。この会議は、首長と教育委員会で構成され、招集権限は首長にある。会議では地方公共団体の教育、学術及び文化の振興に関する総合的な施策の大綱の策定、教育の諸条件の整備などの重要施策の方向性や児童生徒の生命、身体の保護など緊急事態への対処について「協議」し、これらの事項について首長と教育委員会の事務の「調整」を行うこととなっている。

教育等に関する総合施策である「大綱」の策定を首長が主宰する総合教育会議に諮《はか》ることとしたこの改正は、教育委員会が行政委員会として首長から独立した執行機関であること、また、何よりも教育の政治的中立性確保を理念の一つとする教育委員会制度の趣旨そのものが曖昧化されたのではないか、と私には思えるのである。

確かに、近年の教育をとりまく環境をみると、もはや教育委員会だけで課題解決に取り組むことが困難な状況となっていることは間違いなく、特に首長の指揮命令系統下にある福祉担当部局や防災・防犯担当部局等との連携は不可欠となっている。かねてから、選挙で選ばれた首長が教育課題に直接関わることの効率性や首長部局と教育委員会との連携・協力のあり方について見直す必要性などが指摘されていたのも事実である。また、いじめ問題や学校での事件・事故等が発生した場合の教育委員会の対応が迅速性を欠くとされた事案があったほか、隠蔽体質ではないかといった批判を報道機関から招くなど、必ずしもその体制は万全とは言い切れない面はある。そのように評価される要因はいろいろ考えられるが、思うに、学校は児童生徒の個別事情や家庭環境など個人情報の集積した組織であるため、関係職員が守秘義務と課題への迅速かつ的確な対応の板挟みの状態に置かれることも明らかなのである。また、繰り返しになるが、社会の複雑多様化などに伴い、子どもたちをとりまく課題について関係機関が複雑に関わりあい、学校や教育委員会だけで対応することが困難な事例が増加していることも事実である。

さらに、愛知県庁のようにスポーツや文化財関係行政が知事部局に移管されるなど、生涯学習や生涯スポーツ分野の所管が教育委員会から首長部局へ移される例が多くの自治体でみられるようにもなった。このことは生涯学習として括《くく》られた行政分野が、経済振興や地域の活性化などにも深く関わりがあり、教育委員会よりも首長部局で所管する方が効果的で効率的であろうと判断したものと考えられる。

しかし、そういう様々な状況があるとしても、総合教育会議を設置しなければ首長と教育委員会との協議や調整ができなかったかというとそうではないと私は思う。教育委員会には、もともと議会への議案提案権がなく、教育に関する議案を提案するためには首長に提案依頼をする必要がある。一方で地教行法の規定では、首長は教育に関する事務について議会の議決を経るべき事件の議案を作成する場合には教育委員会の意見を聴かなければならないこととなっている。また、地方自治法の規定により、首長には自治体全体の組織・職員定数などに関する総合調整権があるため、教育委員会の独立性・自主性を尊重しつつ、首長として統一的あるいは均衡を保持するために処理する必要があるものについては、自らの調整機能を発揮する仕組みが整備されている。学校の校舎など教育財産についても、その取得や処分は首長が行い、その管理を教育委員会が行うこととなっている。また、地教行法の規定では、条例により社会教育機関の設置・管理をはじめスポーツ・文化に関することなどを首長が所管することができるほか、首長と教育委員会の権限に属する事務の一部について、補助執行や事務委任といった既存の制度により所管する事務事業をお互いに乗り入れできる地方自治法上の制度もある。

　こうした従来からの仕組みを活用すれば、あえて総合教育会議を制度化しなくとも首長と教育委員会の円滑な関係は十分確保できたと思う。教育委員会や学校の体質や仕事の進め方など反省すべき点は確かにあるが、特に学校教育分野への首長の権限強化は、教育基本法や学校教育法の趣旨を持ち出すまでもなく、教育の政治的中立性や継続性・安定性確保の観点からも慎重の上にも慎重に扱っていただきたい。

　参考までに、総合教育会議の事務はその趣旨から首長部局が所管することが法律上想定されているが、愛知県内では半数以上の市町村において教育委員会事務局がその事務を担当している。事務の性格上、首長部局で所管することに当初から無理があったのではないかと素直に思うのである。

三　愛知県の教育事務共同処理

教育事務の共同処理

これまで述べたように、愛知県内のすべての町村に教育委員会制度が浸透するまでに多くの時間を要した一因として、市町村の教育事務を共同処理するための教育事務協議会が一部の市を除いた愛知県内のほぼ全域にわたって設置されたことがあげられる。教育に携わっている人の中でも馴染みの少ない機関名であるが、私はこの教育事務協議会のあり方に長く関心とこだわりを持ってきた。

教育事務協議会とは、一つの市町村で行う教育に関する固有の事務を複数の市町村で共同処理する組織である。協議会方式の共同処理は地方自治法に根拠があり、特定の事務を複数の地方公共団体によって広域処理を行う行政手法のひとつで、構成市町村の議会の同意を得て設置することができる。広域行政についてはゴミ処理や消防関係業務で一部事務組合を設置する例が一般的によく知られている。近年では環境や防災、観光など広域的に取り組むことにより、効率的で効果的な行政課題に複数の自治体が共同で業務を行う広域行政の事例をしばしば見かけるようになったが、教育分野での広域行政、しかも近年に至るまでほぼ全県的な区域を対象としてきた事例は、極めて特徴的な存在と言える。

市町村教育委員会の設置の経緯については前述した通りであるが、愛知県では、この教育委員会制度がわが国で施行されて間もない昭和二八（一九五三）年、とりわけ町村における教育委員会制度の設置や運営について不安視されていた時期に教育事務の共同処理を試みたのである。各市町村が協力し合い教員研修や学校の専門的事項の指導などを実施していこうと考えた。戦後の新しい地方自治制度や教育委員会制度を本当によく理解し、県下全域で市町村域を越えた広域行政をいち早く実践した、その知恵と実行力に驚くばかりだ。市町村の教育行政を円滑にスタートさせるために、その事務の一部を共同して管理し執行することを考案し、市町村の行財政力の不足を補完しあい、しかも県の機関である教育事務所にその事務の一端を担当させようとするアイデアは、極めて高いレベルで戦後の地方自治制度と地方の教育行政システムを理解していなければ思いもつかない取り組みであった。

こうしてできた教育事務協議会は、かつての教育委員会法で想定された一部事務組合でもなく、全県レベルで市町村教育委員会が、いくつかの区域に分かれて一定の教育事務を共同処理する組織であり、全国でも稀有な例となっている。愛知県の義務教育体制の最も大きな特徴のひとつと言っても過言ではない。

教育事務協議会の現状と課題

市町村の教育事務をいくつかのブロックに分け共同処理する愛知県下の教育事務協議会は、昭和二八年に一斉に立ち上がり、当初は愛知県全域を一一地区に区分してスタートしている。平成の市町村合併によって、市町村数が大幅に減少することとなり、令和五年現在では六地区（愛日、丹葉、海部、知多、西三河（豊田を除く）、北設楽）となっている。この間、県の教育事務所職員が教育事務協議会の名のもとに市町村教育委員会の事務に直接関わることの問題点が指摘されるなどしたために、教育事務所職員は地方公務員法に規定する兼職の手続きを踏むようになり、組織の上でも適正化が進められた。

共同事務の具体的な内容を、尾張地方の北東部にある愛日《あいにち》地方教育事務協議会の規約を例にみると、協議会が担任する事務は二つに分かれ、一つは「管理執行する事務」として学校訪問などの学校教育に関する専門的事項の指導や学校教育・社会教育の関係職員の広域にわたる研修がある。二つめは「連絡調整事務」として県費負担教職員の任免、服務に関する事務をはじめ小中学校の教育課程などに関する事務があげられる。

豊山町は愛日地方教育事務協議会に属し、この協議会は瀬戸市、春日井市、小牧市、尾張旭市、豊明市、日進市、清須市、北名古屋市、長久手市、東郷町、豊山町の一一市町で構成されている。近年では、例えば教員の人事事務は、一一市町がさらに区分され、豊山町は、西春日井地区の清須市と北名古屋市の二市一町で特に深く関わって共同事務を行っている。現実は、瀬戸市や春日井市などの都市部、愛日地区東部の市町との連携の程度は緩く、基本的に教員の人事交流はなされていないといっても過言ではない。地方分権の進展、各市町における施策の多様化、教育委員会制度の定着などによって、共同処理から単独処理へとこの傾向はさらに進むものと思う。いずれかの時に小規模自治体の本当の実力が試されることとなる。備えておくための時間はそれほど多くはない。

愛知県下で共同処理を行ってきた教育事務の市町村単独化の加速は何をもたらすか。教員人事を例に考えると、大きな都市は教員人事を市独自で行うことができるために、他の市町村との交流はいっそう消極になる傾向は既に現実のものとなっている。教育事務協議会の規約で規定された区域よりもさらに狭い地域単位で人事異動が完結してしまうことの功罪については、教員不足や教員の質が課題となっている現在の状況を踏まえると今後いっそう真剣に考えていく必要がある。

近い将来、県内の地域間で人口減少に大きな差が生じることが予測され、管理職の登用年齢、人材の過不足などの観点から「教育事務協議会」の枠を越えて広域的な人事異動を行う必要が必ず出てくると考える。県費負担教職員の処遇格差は、地域における教育の質の平準化と無関係ではなく、やがて義務教育の地域間格差に影響を及ぼしていくだろう。参考までに愛知県知多地域の五市五町で構成する知多地方教育事務協議会では市町を越えた人事交流が比較的円滑に行われるなど共同事務本来の機能が発揮されている。愛知県内でも地域の事情により、共同事務の絆の強さに差があるようである。この理由は、市町村合併の影響や地理的条件、住民の生活圏域などに起因しているのではないかと考えられる。

余談であるが、豊山町が属する愛日地方の「愛日《あいにち》」という言葉の語源を調べたことがある。明治時代に郡制が施行された頃、この地域には愛知郡と春日井郡（後に東春日井郡と西春日井郡に分かれる）があった。東春日井郡は春日井市や瀬戸市などが市制施行することに伴い消滅し、東郷町のある愛知郡と豊山町のある西春日井郡が残っている。聞き伝えによると、「愛日」とは愛知郡の「愛」と東春日井郡及び西春日井郡の「日」の一字をとったものであると言われている。人によっては、一日一日を愛すると書くことから、「日日是好日」につながるとして、好印象で受け入れられている。

教育事務協議会の功罪

愛知県内の「教育事務協議会」の長い歴史を振り返り、これまでの成果について整理してみると、主に三点あろうかと思う。まず、戦後の義務教育における市町村間の協調体制の確立と県(教育事務所)との一体的な行政運営に貢献してきたことがあげられる。このことにより、県と市町村が一体となって、戦後の新しい教育体制の円滑な整備ができたのではないかと思う。二点めは、主に義務教育分野での県下一円の教育水準の均一化が効率的に達成できたのではないかという点である。財政状況等において大きな市町村間格差があった状況を考えると、この成果は大いに評価されるべきであると思う。第三点は、教職員の人事管理の安定性と継続性の確保、いわゆる「内申権」と「任命権」との連携が円滑に実施され、計画的で広域的な人事管理がより効果的・効率的に達成できたのではないかと推察する。

こうした成果が上げられる一方で、教育事務協議会の設置によるマイナスの面もあったのではないかと思う。例えば、教育事務協議会用務を県教育事務所の職員が担ってきたことにより、市町村教育委員会の成長、特に町村教育委員会における事務局職員の育成を結果的に妨げることになったのではないかという点である。このことは、戦後、市町村に教育委員会が設置されるまでの間、県教委がその事務を所管していたことと無関係ではない。愛知県内には、平成四(一九九二)年九月まで非常勤の教育長が存在していたということ、市町村教育委員会における指導主事や事務局職員の数が他府県の大都市圏域に比べて少ないことなど事務局組織の整備の遅れを助長したのではないか。もう一つは、最近でこそ地方分権の考え方が進展してきたが、教育事務協議会を構成する市町村間で個性や特色、地域間競争などを発揮する機会や意識を結果的に抑制してしまい、市町村教育委員会の自主性・自立性の成長に少なからずブレーキがかかったこともあったのではないかという点である。

別の観点からみると、県教委の出先機関である県教育事務所が発足後間もない市町村教育委員会の固有事務を担ってきたことにより、結果的に県教育事務所の本来業務である市町村教委への指導、助言、援助事務と教育事務協議会の業務とを渾然一体と処理してきたことになる。このことが特に町村教育委員会の成長に少なからず影響を与えたとも言えるのではないか。

教育事務協議会の今後

現在の教育事務協議会は、設置当初の一一協議会から平成の市町村合併以後は六協議会へと減少した。愛知県内の市町村数は、合併前の平成一一（一九九九）年には三一市四七町一〇村で合計八八市町村であったが、令和四（二〇二二）年現在、三八市一四町二村の合計五四市町村となっている。町村数は三分の一以下に減少し、旧来の市または町村同士との合併によって市となった自治体は、面積、人口ともに規模を拡大した。

このことは教育事務協議会の設置の経緯がそもそも、小規模自治体同士が共同することにより教育委員会制度を円滑に運用していこうということであったため、自治体の規模が大きくなったことにより、教育事務協議会そのものの性格も変化せざるを得ないことを示唆している。大規模化した自治体では特に、県費負担教職員の人事管理を事実上単独で処理するところも多くなった。加えて、近年では地方分権意識の高まりの中で市町村独自の教育施策を打ち出す自治体が増加してきたこともあり、共同で教育事務を処理しようというかつての行政手法を見直さざるを得ない状況となっている。また、交通網の整備などにより住民の活動範囲が広域化したほか生活圏域の変化が生じるなど、かつての教育事務協議会の行政区域にこだわらず、新たな市町村間の交流もなされるようになってきた。

愛知県内五四市町村のうち、町村の数は一六と少数派であるからだろうが、県教委からの情報提供などが市教委教育長で構成する都市教育長協議会と比較して情報格差を感じることがある。こうした弊害に対して、教育事務協議会が本来の共同機能を発揮していれば、ある程度の補填はできるはずである。

教育事務協議会は、どの地域においても年間を通して会議が定期的に開催されている。定例的な管理執行事務や連絡調整以外に、時には重要な課題について出席者である教育長等の間で活発な意見交換が行われることもある。

市町村独自の教育施策を期待する声は年々高まってきたように思うが、子どもたちがどこの市町村で生まれ育っても一定の教育水準は確保すべきで、義務教育を所管する市町村教育委員会は、お互いの連携をいっそう緊密にする必要がある。義務教育段階での市町村間の格差拡大を抑制し、教育の機会均等と平準化のために愛知県の義務教育の大きな特徴でもある教育事務協議会が進化しながら、さらに本来の趣旨に沿って機能していくことを小さな町の教育長として心から願っている。

四　義務教育の平等性

市町村職員と県費負担教職員制度

長年にわたって私がこだわってきたのが県費負担教職員制度である。聞きなれない言葉かもしれないが、この制度は都道府県教育委員会が市町村立小中学校（政令指定都市を除く）の教職員の任命権を持つと同時に、設置者負担主義の例外として都道府県が給与を負担するというものであり、市町村の財政状況に関わりなく、義務教育が平等に施されることを目的としている。

市町村立学校の教職員は、県教育委員会で採用試験を受け、県教育委員会から任命され、県教育委員会の研修機関で節目ごとの研修を受講し、県条例で定められた給与を支給されている。これは、赴任した市町村の財政力に関わりなく、一定レベル以上の資質をもつ教員を採用し、人材育成をし、同一水準の給与を支給することなどにより、義務教育の水準を平等に保とうという趣旨である。任命権は県教育委員会にあるが、日常の服務監督は市町村教育委員会が行い、身分は市町村の職員という複雑な仕組みは、この制度の理解をいっそう難しくしている。

このため、教職員の市町村に対する帰属意識は、勤務する自治体よりも、採用試験を実施し任命権があり、かつ給与を負担する県の教育委員会を向いてしまう傾向があるのではないか。県費負担教職員の人事異動が市町村域を越えてなされることもあって、赴任地への愛着等とは別にどうしても赴任先の市町村職員と比べて、その帰属意識は薄れてしまうのではないかと思う。また、校長は学校教育法等により独自の権限を有していることも市町村の一般的な出先機関と異なる点である。そうしたことによって地域の政治力が学校教育へ及ぼす影響を抑制する役割を果たしてきた一面もある。さらに、服務監督権について一言添えると、県費負担教職員の給与や勤務時間をはじめとする勤務条件は、その趣旨から県の条例や県教育委員会規則に規定されていて、服務監督権のある市町村教育委員会には、そうした規程はない。

豊山町では、教職員の勤務の適正化と働き方改革の一環として、令和四（二〇二二）年度から小学校教職員の勤務時間の開始を従来より一五分前倒しすることとした。言うまでもなく、授業終始の時刻は学校教育法施行規則の規定により、校長が定めることとなっていることに加え、小中学校の教職員の勤務時間の割振りについては、市町村教育委員会ではなく、校長権限である旨が県教育委員会規則には定められている。こうしたことは、市町村職員にはなじみのないことであろうと思う。

誰もが知るように、市町村職員は市町村が実施する採用試験を受け、市町村から給与を受け、市町村の任命権と服務監督権の下にある。そうした職場環境下で、任命権と服務監督権が複雑に入り組んだ県費負担教職員制度の特性を十分理解している町職員は限られるとしても不思議ではない。小中学校に勤務する県費負担教職員を県の職員と認識したり、少なくとも身分は町職員ではないと誤解をしている人が大半であろうと思う。これこそが、町（役場）と学校との関係が何かよそよそしく、また町職員と教職員との日常的な業務の連携を円滑に行うことを妨げている原因のひとつであろうと思う。

県費負担教職員である学校事務職員も同様に、市町村の財務会計職員との関係が希薄で一体感に欠けるという話を伺ったことがある。行政職員として学校に配置される事務職員は極めて貴重な存在である。学校における行政課題に効果的に対応するためにも県費負担教職員制度の趣旨を双方がしっかりと理解し、協調することが必要である。

町議会で毎年採択されている職員団体からの要望である義務教育費国庫負担制度の堅持と拡充の趣旨は、義務教育の水準の平準化を大切にしたいことにほかならない。教職員の給与等が県条例等で規定され、その財源も国や県が負担するからといって、町は決して他人事として受け止めてはいけない。この課題は職員団体の課題、つまり教職員の勤務条件のみならず、小さな町の教育水準を維持するための課題として、町自身が自分事として受け止めていく必要があると私は思っている。

県費負担教職員制度と三位一体改革

県費負担教職員制度は、狭い日本の津々浦々まで同じ水準の教育を担保する素晴らしい制度だと思う。戦後日本の経済成長を支えた日本人一人ひとりの力を育て上げた原動力と言っても過言ではない。地域の財政力や政治に左右されずに、一定レベルの教育水準・教育内容を確保するこの制度は、一般には理解が難しく表立って議論されることは少ないが、日本の教育を支えてきた屋台骨であり、地方の教育の土台となっている。

地方分権の議論の中で自治体の個性重視を尊重するあまり、画一的な行政手法はとかく批判の対象となり敬遠される傾向にあるが、地方の教育行政の視点から見るとやや違和感を覚えることがある。かつて道州制に関する議論が盛んに行われた時期があったが、そのシンポジウムに参加した時に感じた違和感とよく似ている。道州制推進派の学者は、地域の実情に応じた特色のある教育内容が実現できることを熱心に説いていた。しかし、聴いていて率直に思ったのは、これは財政的にも恵まれた教育環境にある地域の人々の論理ではないかということである。

全国各地で、地方自治体の個性重視の名のもとに地域の実情によって「身の丈に応じた」教育が進められるとしたら、教育水準の平準化に大きな支障をきたすリスクが拡大することは明らかである。地域の財政力の差により、同じ日本に生まれながら、育った地域が異なるだけで、子どもたちの教育方法や教育内容が異なるという現実を外して、「地域の実情に応じた教育」、「特色のある教育」と安易に語ることは、耳障りは良いものの今一度慎重になる必要がある。とかく批判的に語られることが多い「教育の画一性」とは別次元で一定の教育水準を確保し、その平準化と維持向上について、まずは国全体の施策として押さえておかなければならない大切な原理・原則を忘れてはいけない。

県費負担教職員制度に関連して、不祥事の対応で次のような経験をしたことがある。再三述べてきたように、市町村立小中学校の教職員の服務監督は市町村の領域であることから、不祥事の事実関係の説明は、一義的には市町村教委で行うのが理屈である。しかし、小中学校の教職員に対しては、身分上の処分を任命権者である県教委が行うことから不祥事自体を県職員の職務におけるものと誤解され、その説明責任を果たすのは県教委か市町村教委か、とかく曖昧になることがあった。それぞれの立場を自覚し、理解するためにも役割分担を明確にすることは重要で、事実関係の説明は服務監督者である市町村教委が行い、その事実に基づいた任命権者としての身分上の処分は県教委が行うという棲み分けが制度的に期待された役割分担である。こうした基本的な事項は、今では多くの方の理解を得られたと思う。

さて、義務教育費国庫負担法は、国民のすべてにその妥当な規模と内容を保障するため、国が必要な経費を負担することにより、教育の機会均等とその水準の維持向上を図ることを目的としている。かつて、国と都道府県との間で教職員の給与負担割合について活発な議論があり、最終的には、この法律を根拠に平成一八（二〇〇六）年四月に義務教育諸学校の教員給与の国庫負担割合が二分の一から三分の一へと改められ、現在に至っている。三位一体改革という国の財政改革の中での出来事である。その結果、市町村立学校の教職員給与の三分の二は都道府県の負担となることから、それまで以上に都道府県の間で給与格差が拡大するか、または教員の採用数に差が生じやすい環境となった。

国と地方の財源負担割合の議論の際に私が感じたのは「義務教育の財政上の担い手はどこか」という議論はあったのだろうかという疑問である。国の責任とは、教職員の給与負担のみならず、どの地域の、どの学校でも一定水準の教育が保障されるかどうか、であるはずである。負担割合という「財政議論」ではなく、義務教育の担い手はどこかという根源的な「教育議論」を期待していただけに、都道府県の負担割合が二分の一から三分の二になった時には本当にがっかりしたものである。

参考までに、三位一体の改革は平成一三年に成立した小泉純一郎内閣における聖域なき構造改革の一環として、「地方に出来る事は地方に、民間に出来る事は民間に」という考え方のもとで推進された政策である。国庫補助金改革・税源移譲による地方分権と、地方交付税の削減による財政再建をセットで行うこととした点にその特色があった。

五　学校とは何か

コロナ禍の中で

令和二（二〇二〇）年になって間もなく、中国から始まったと言われる新型コロナウィルス感染症の拡大は瞬く間に世界中に蔓延した。学校への影響は早く、二月末に突然、国から小中学校の臨時休業要請が発出され、時間的な余裕が全くない中で全国の市町村教育委員会は緊急対応を迫られ、公立小中学校は三月上旬から一斉臨時休業となった。

豊山町教育委員会では直ちに校長会議を招集し、当面の対応を協議した。学校の臨時休業は学校保健安全法により感染症の予防上必要がある場合などが想定されていたが、法的に予想されていない一斉臨時休業ということならば、手続き的には町の教育委員会会議に諮《はか》り、議決を得ることは必須である。しかし、あまりに緊急を要する案件であるため教育長の代決処理によって大きな決断をし、後日、教育委員会会議での承認を得るという方法をとった。

豊山町では、三月二日から二四日までを一斉臨時休業とし、その間の卒業式など学校行事については、参加者の縮小、時間短縮、万全の感染予防措置などを行った上で必要最小限の内容で実施することとした。報道によれば、全国一斉の小中学校臨時休業は日本の学校教育史上初めてのことで、太平洋戦争の最中でもなかったということである。

学校の休業は、児童生徒の学習面にとどまらず、住民生活の多方面にわたって影響を与えていることが明らかになってくる。例えば、児童生徒の不要不急の外出が控えられたため、保護者の中には職場を休まざるを得なくなるなど、学校と地域社会とが深く関わりあっていることを改めて知るところとなった。

四月になり、いよいよ新学期が始まり、町内の小中学校においても入学式が行われた。卒業式に準じて参加者の制限、時間短縮、室内換気等への配慮など、考えつく限りの手立てを徹底して実施した。その後、再度の臨時休業が五月六日まで継続され、自主登校教室の設置など臨時措置を行うこととなった。授業再開や夏季休業日（夏休み）の短縮など重要な決断を迫られる事案が続出した。

この間に、私は教育委員会制度のあり方について、何度も考えさせられる場面に遭遇した。最も忘れられないことは、夏季休業日の短縮について判断を迫られた時のことである。当時は、臨時休業で不足した授業時間数を回復するために様々な工夫がなされていたが、長期休業期間を短縮することによって、失われた授業時間を確保することが効果的で一般的であった。参考までに、小中学校の各学年の総授業時数は、学校教育法施行規則にその標準時間が定められている。

通常の夏季休業が始まる一ヶ月以上も前に、報道機関からその方針について取材があった。その際に翌週の教育委員会会議の日程を踏まえ、担当から「検討中」と回答したところ、県内の多くの自治体では夏季休業の短縮を既に決定したと報道され、町内外から豊山町の決断が遅いと批判をされてしまった。

夏季休業日の変更は、豊山町の小中学校管理規則によれば、教育委員会または校長が特に必要があると認めた場合には可能であること、また町の事務委任規則では、教育に関する基本的事項は、教育委員会会議に諮ることとなっている。こうしたルールによれば、一刻を争う緊急事態でない限り、町の教育委員会会議で協議をした上で夏季休業日の短縮を決定し、公表することが正しい手続きであると判断したものである。

この件は、例えば「来週開催の教育委員会会議で決議します」と説明するなど報道機関に対してひと工夫する必要があったかもしれないと大いに反省している。しかし、「コロナ対応」の一言で学校が一斉臨時休業にならざるを得ないことをはじめ、夏季休業期間の短縮など学校教育の基本方針に関わる問題について教育委員会会議での協議に十分な時間をかけず、または後回しにして、まるで地方自治体間で先を争うように結論付けていく風潮に私は強い違和感を抱いていた。一日でも早く結論を出してほしいという声も理解はできるが、適正な手続きを軽視することは、教育委員会制度の趣旨を骨抜きにすることにつながり、こうした行為は極力避けたいと思った。

学校の臨時休業中に児童への応援メッセージ（豊山小学校）

法的手続きを安易に簡略化するのではなく、ほんの少しの間でも立ち止まり、冷静に、かつ適正な手続きを常に意識しながら地に足の着いた対応を心掛けたい。先の見えない新型コロナ感染症の渦中で、手続きの簡略が日常化することについてある種の危機感さえ覚えた。

小中学校の一斉臨時休業という日本の学校史上初めての経験を含め、コロナ感染症との闘いに教職員はもとより児童生徒も保護者も大変な苦労を重ねてきた。マスクの着用、登校時の健康チェックや給食時の黙食、宿泊行事など校外学習の短縮等、学校生活上多くの制約がある中で児童生徒は本当によく頑張ってきた。将来、「コロナ世代」と呼ばれるかもしれない児童生徒がどのように成長していくのか、現在の生活様式がどのように変貌していくのか予測することは難しいが、すでにその予兆が現れ始めている。例えば、長引く行動制限のためにひとりでできるスマホやゲームに一日四時間以上も費やす子どもたちが相当数いるほか、大勢の前でマスクを外すことを躊躇する子どもが出てきている。マスクの着用については児童生徒のみならず乳幼児においてもコミュニケーション能力などにどう影響してくるのか、不安を覚える声がある。

小中学校の一斉臨時休業以降の様々なコロナ対策の影響は今後長く尾を引き、私たちの生活様式や生活リズムを徐々に変えていくのだろう。現在進行形で体験しているこの状況は、後の時代に社会の大きな変革期として学校の教科書に掲載される歴史的な出来事であることは間違いない。

機会均等と格差

日本教育学会会長であった広田照幸氏は、その著書で教育の地方分権化の進展過程で懸念するいくつかの点を挙げている。例えば、コスト削減の矛先がまずは教育費に向けられるのではないか、あるいは、「ローカルな教育政策が混乱する可能性」をあげ、首長が経費をかけずに有権者にアピールしやすい「教育改革」を打ち出し、結果的に「シロウト教育論が幅をきかす」ことになるのではないか、といった点である。

私が共感を持ったのは、分権化と「機会の均等」との関係である。コロナ禍でも散見されたが、各地方自治体が思い思いの施策を進めた場合、結果的に教育の機会均等がないがしろにされ、「日本社会全体での機会の均等に配慮を欠く」ことになるのではないか。地方自治体が個別の教育施策を行うほどに地域間格差を拡大する結果となることは、そもそも財政運営に汲々としている自治体が大半を占める現状を見れば明らかなことである。

豊山町の場合、町内に中学校一校と小学校三校がある。面積が約六平方キロメートルという町域に町立学校が四校あること自体この町の教育の大きな特徴であり、学校の統廃合が全国的に進む中でいっそう大切にしたいことでもある。小さな町域であるがゆえに、学校教育上の大きな課題に対しては、少なくとも町内での学校間格差が生じないよう、町内の校長会議でできる限り調整を行うこととしている。各学校の特色や自主性を尊重しつつ、チーム豊山として一体感のある学校運営を心掛けてきた。

コロナ禍で浮き彫りになったのは、児童生徒間の家庭環境に起因する格差の問題である。経済格差であれば、要保護児童生徒援助費補助制度など支援施策はあるものの、例えば学校の臨時休業に伴い給食が一時的に実施できなくなった時に、児童生徒の各家庭での昼食について、保護者の職業をはじめとした家庭環境に大いに左右されることとなる。この問題は学校だけでは対応が困難で深刻なものであった。ここでも、日常は気がつかない場面で実は学校給食により「学びの保障」が支えられていたこと、学校が教育機関としてのみならず、地域住民の生活支援機関の側面もあることを再認識した。

タブレット端末の自宅への持ち帰りにしても、各家庭の通信設備の状況をはじめ家庭学習環境の違いによって「学びの保障」の中身は学校での対面によるそれとは全く異なるものとなっている。私は、特に小学校、とりわけ低学年段階ではできる限り学校での対面学習を優先してほしいと望んでいる。タブレット端末を使いこなし、有効に活用することはこれからを生きる子どもたちには不可欠ではあるが、この時期に書く力、考える力、人と直接話す力、そして協調性や社会性を身に付けていくことが、ほかの年代に比べ何よりも大切に思えるからである。

そのタブレット端末であるが、令和三年に児童生徒に一人一台を配置するという国のＧＩＧＡスクール構想が前倒しで実施された。導入時には、タブレット端末の積極的活用こそ即ち先進的な教育といった意見が多く聞かれ、マスコミでも活用事例が盛んに紹介されてきた。

タブレット端末の配置について、私は学校教育における教員の教育方法（児童生徒の立場からは学習方法）や教育技術のあり方について、しっかりと腰を据えて考えなければならない課題と受け止めている。ややもするとタブレット端末を使用すること自体が目的化することになりかねないからである。小学校低学年から高学年、中学校あるいは各教科によりタブレット端末の活用方法は異なるはずであり、この点について私も含めて、拙速に「シロウト教育論が幅をきかす」ことになってはいけないと思っている。こうした私見に対する誤解を避けるために敢えて言い添えるが、学校と地域住民等が協力し合って学校運営や課題に取り組み、地元の学校を支えることが大切であることは言うまでもなく、学校に対して意見を述べることまでも疎《いと》むものではない。

教員は教育のプロとして、タブレット端末に限らず、新たな教育方法の導入に対して積極的に自己研鑽を積み、しっかりと取り組んでいただきたい。

学校が担うもの

戦後の復興から高度経済成長期に至るまでは、国、地域、保護者、子どもなど誰もが教育に求めるもの、学校に期待するものは同じ方向を向いていた。当時は、「勤勉」「努力」「品行方正」、こうした価値観がほぼ共通して地域、保護者、教員、子どもたちから当たり前の価値観として受け入れられていた。

学校では一生懸命に勉強をし、より良い大学、そしてより良い会社へ入ることは豊かな生活を手に入れる最も有効な手段であるということを多くの日本人が考えていたように思う。学歴偏重社会の弊害は指摘されていたものの、先生の言うことをよく聴き、一生懸命勉強するというのは一般的な考え方だったのではないか。高度経済成長後、社会の成熟期、バブルの崩壊を経験し、情報化、グローバル化が急速に進展し、日本人の価値観はあっという間に多様化した。

並行して、学校に新たに求めるもの、あるいは学校に対する考え方は、社会に生じた課題の複雑・多様化に呼応するかのように様々な形に変容を遂げた。

一方で、学校は地域文化やコミュニティの拠点であり続けてほしいという期待は未だに根強くあるのも事実である。また、そこで働く教員は地域の信頼と尊敬の対象であり続けてほしいということもしかりである。それに応えようと、大多数の教員は使命感に燃えて頑張ってきたことも事実である。そうであるからこそ、不祥事に対しては信頼を裏切られたという切り口で大きく報道されるのだと思う。

教育や学問に対して多様な価値観や考え方が求められる中で、国民全体が「わが町の学校」として同じベクトルで学校を支えていた時代のように対応することは、学校も教員ももはや不可能であろう。加えて、日本人全体が高学歴化した現在、教員の知識人としての位置付けも相対的に低下した。ここに現在の学校や教員の置かれている立場の難しさが存在する。

ある人は、学校を消費者目線で眺め、様々な行政サービスを求める。また、学校にさらなる福祉機能や防災機能を求める声もある。しかし、学校は制度上「教育機関」であることを前提に教職員定数や施設設備の設置基準などが事細かく定められているのである。教育機関以外の多様な機能や役割を学校に求められた場合、教員免許資格だけを有した教員の定数ばかりではなく、福祉や医療など専門的な資格職種を持った職員の配置、医療機器など教育機能以外の施設設備や予算配分のあり方などについて根本的に大きな見直しをしない限り、多様な要望に学校が応えることは相当な困難を伴うことを理解していただきたい。

教員の働き方改革の中で、「基本的に学校以外が担うべき業務」を文部科学省が整理している。こうした動きはこれまで多種多様な要望に応えようと、長年にわたって学校が背負ってきた多くの業務を、一つ一つ精査することにより肩の荷を少しでも軽くし、本来の「教育機関」としての機能を効果的に発揮させようとするものであり、早急に、かつ確実に進めていくべき取り組みである。

学校に多機能性を持たせるならば、組織や施設の大幅な見直しは必須である。学校が本来の教育機能を十分に発揮するということは、すなわち学校教育の質の向上であり、そのためには教員が教材研究を十分にできる時間と仕組みを確保する方策が必要不可欠なのである。児童生徒のための授業の充実。そして学校が学校本来の役割を果たす。ここに「働き方改革」の本当のねらいがなければならない。

学問で身を立てる

近代日本の教育制度ができたのは、明治五年の学制発布によるが、当時から西洋先進国の技術や制度を導入し、近代化を進める上で学校は大きな役割を果たしてきた。学制序文には、

「……その一生を成就させるものはほかでもなく、身をおさめ、知識を広め、才能、技芸をのばすことによるものである」と記載されている。この頃に昭和時代の高度経済成長期まで続く日本人の「学校観」の礎が確立されたのではないかと思う。

福沢諭吉の『学問ノススメ』に関する興味深い文書を目にしたことがある。有名なこの書物は明治五年頃から数年かかって執筆されたものである。現在の日本では、派遣社員や外国人労働者のリストラが大きな社会問題となっているが、明治五年に廃藩置県があった時、日本の人口が三五〇〇万人の時代に、藩からリストラされた元武士の身分にあった者はおよそ二〇〇万人も存在し、そうした状況の中で『学問ノススメ』の発行部数は実に七〇万部に及んだとのことである。廃藩置県で職をなくした多くの武士が学問こそが身を立てる最も有効な手段として、こぞって『学問ノススメ』一七編を読み、毎編相当の部数が売れたというから、ある意味では、超ベストセラーの〝就活本〟と言われることも納得がいく。

「天は人の上に人をつくらず、人の下に人をつくらずと言えり」という有名な一節は、リストラされた元武士に対するエールと受け止めることもできる。元武士は学問を通じて様々な知識を吸収し、学問こそがこれからの道を開拓していくのだ、学問の差によって貧富の格差が生じる社会へと移行していくのだ、がんばって学問に打ち込んでいこうではないかというものである。藩からリストラされた時点では、みんな平等なのだ、機会は均等に与えられたのだということを言いたかったのではないかと勝手な解釈もできる。そう考えれば、元武士二〇〇万人が興味を持つベストセラーになる理由も納得ができる。司馬遼太郎の『坂の上の雲』にも、浪人となった全国の武士が新たな士官の道を学問に求めたことが書かれている。

思うに、学問によって身を立てる、あるいは学問を通して生きる道を探す、あるいは立身出世の励みとするという考え方は、この時代により鮮明になったのではないだろうか。近代日本の学歴偏重社会の芽はここにあったのかもしれない。

学校は常に先進的な社会の窓口であり、そこで勤務する教員は先進的知識人の象徴であり、絶対的な信頼の対象であったろうと思う。教員のなり手がある意味で大衆化しても、日本の風土とも言えるその日本的考えは根強く、教員に対する信頼要求度は衰えることはない。教員の不祥事に対する報道のあり方をみても、それがいかに高いかがわかる。

社会との関わりの中で

学校教育に何を期待するか、何を求めるのかではなく、何を期待してはいけないのか。その機能と役割の限界をいっそう明確にしてもよいのではないかと思うことがある。

平成二二（二〇一〇）年一二月に朝日新聞が行った「教育」をテーマとした全国世論調査の中で、「子どもたちの将来を明るくするためには、何が一番必要だと思いますか」という問いに対して、選択肢三点の中で「経済など社会のしくみ全体を改善する」が四九パーセント、「家庭や家族がしっかりする」が三七パーセント、「学校教育をよくする」は最も少数で一一パーセントとなっていた（『朝日新聞』平成二三年一月一日）。子どものたちの未来には子どもたちをとりまく社会や家庭全体で関わっていくことが重要で、学校教育に期待するだけでは難しいという傾向が明確にうかがえる。

教育について議論する場でよく見かけるパターンがある。あるべき理想の教育については誰もが何らかの考え方を持っていて、個人が自らの経験などをもとにその個人的視点だけから学校現場の現状を評価することがある。評価の内容自体には誰も異論はない。しかし、議論の中で時に欠けてしまうのは、現に在る課題を具体的にどう受け止めるのか、施策実現までの過程にどんな副作用が生じるのか、財源や法整備など課題解決のために検討しなければならないテーマやハードルはどうなのかといった現実的な要因の追求や分析である。例えば「教育はきめ細かく行うべきで三〇人学級が良い」という意見に異論のある人は少ないだろうが、背景にある課題、具体的な教育内容、質を伴った教員の確保、何よりも実現のための財源確保などを一つ一つ議論している様子はあまり見かけない。

次代を担う子どもたちをどう育てるか、学校や教職員がとても大きな役割を期待されていることは当然としても、すべてを背負い込むことは不可能であろうことは繰り返し述べてきた。

個別の課題を整理し、社会の変化との関わりの中で学校全体のあり方を見極め最適な解決策を見出していく地道な取り組みこそが必要であろうと思う。

以前、児童の半数が外国籍で日本語を十分に話すことができない学校を視察したことがある。日本の学習指導要領とは別に、言語指導、場合によっては保護者を含めた生活指導を学校が行わざるを得ないことがある。外国人を受け入れた企業や誘致した自治体の役割はどうなのだろうか。義務教育の就学年齢の子どもが対象ということから、学校として受け入れ、きめ細かく指導しているのであろうが、社会状況に対応するために学校はそこまでやるのかという場面を目の当たりにして、その粘り強い取り組みに驚き、頭の下がる思いをしたことがある。

教育の変化が社会にどのような結果をもたらすのか、社会の変化が教育にどのような影響を与えるのか。教育と社会の双方に対するあるいは双方の関連性の中でお互いがお互いにどのような影響を及ぼしあうか、常に冷静に検証を積み重ねることが重要だと思う。「不易と流行」は教育界ではたびたび聞こえてくる言葉であるが、不確かな風潮に流されることなく、社会との関わりを常に考えながらも本質を見極める姿勢はまた勇気もいることであり地に足の着いた仕事のあり方でもある。

学校で働く教職員には社会の動向などに常に関心を持ち、より高く、より幅の広い視野を持つように自ら学ぶ姿勢が求められる。多くの課題を抱えながら廃止となった教員免許更新制の制定時に求められた背景にはそうした声も事実あった。

学校施設の多機能化

コロナ禍で何度か学校開放のあり方について話題になったことがある。発端は、町民が利用する一般的な社会教育施設と学校施設の開放との間で、使用の可否について、その取り扱いが微妙に異なることから始まった。

学校の役割を考える場合に、学校には「教育機関」としての本来の役割に加え、公《おおやけ》の施設である「学校施設」としての役割という二つの側面があることを押さえておく必要がある。このことが混同して語られることが多く、利用形態に関連した責任論にも関わるだけに、理論的に説明する必要があることをたびたび感じてきた。ここで学校の持つ役割を二つの側面から大まかに整理してみた。

まず、文化ホールなど一般的な社会教育施設は、そもそも地方自治法上の公の施設としてもっぱら住民が利用するために設置されている施設である。これに対して、学校は学校教育法等に規定される児童生徒の教育を担う学校教育のための教育機関として設置されていて、併せて地域の公共施設として地方自治法上の公の施設の性格も持っている。このため、学校教育法や社会教育法などでは、学校は学校教育上支障がない限り、社会教育のために使用を可能とする旨が規定されている。学校開放の根拠がこれである。

もう少しだけ詳しく地域における学校の役割を見てみると、まずは、言うまでもなく学校教育法や地教行法などに規定される学校教育のための中核的な施設（教育機関）であること。次に、先ほど触れたように、社会教育法やスポーツ基本法などに規定されるように、学校開放など学校教育以外の社会教育施設としても活用されていること。また、災害対策基本法施行令などから避難所として求められる施設基準、すなわち規模条件、構造条件、立地条件や交通条件等を具備することから、多くの地域で指定避難所など防災施設としても使用されている。さらに、子どもの居場所づくり対策として放課後児童クラブなど児童福祉のための施設としても活用されている。こうした利用形態以外にも、最近は都市部ではなかなか見かけないが、子どもたちが放課後や学校休業日に何の制限もなく校庭に出入りして自由な遊び場となっている例もある。

コロナ禍で、学校施設と社会教育施設の間で利用制限の内容が異なっていたのは、学校が本来の設置目的である児童生徒の教育機関としての役割をまずは果たさなければならないことがその大きな理由となっている。当時、学校では児童生徒の下校後、校内施設の消毒など、翌日の授業に備える準備をきめ細かく行っていた。そういう状況下で、放課後や休日に社会人等が利用する学校開放を優先すれば、肝心の学校教育に支障が出る可能性が生じ、学校本来の役割を果たすことができなくなるのである。こうした趣旨から、例えば社会教育法では学校施設の利用許可に当たっては、あらかじめ校長の意見を聞かなければならないことを定めている。

教育機関としての学校は校長の管理下にあって、その管理運営がなされるが、それ以外の利用形態では各々の利用団体が管理運営の責任を持つ実態がある。公の施設としての学校施設においてグレーゾーンにあるのが、いったん下校した子どもたちが、放課後に再び自由に出入りができる状態で学校施設のグラウンドや校庭を使用する、いわゆる「校庭開放」の場合である。土日・祝日など学校休業日も同様である。こうした状態も校長の管理下にあるとする考えもあろうが、学校のグラウンドや校庭が、あたかも児童遊園のように現場の付き添いなど特定の管理者が事実上不在の状態で、特段の用途制限もなく自由に使用されて何ら問題はないのだろうか。これも校長の管理下とすれば、学校は無定量で無制限の責任を負うことになる。

参考までに、児童遊園は児童に健全な遊びを与えるためなど、その目的が特定されている地方自治法上の公の施設であり、かつ、児童福祉法上の児童厚生施設である。禁止行為や占用使用の許可など、一定のルールが町の条例にしっかりと規定されている。

思うに、学校施設が様々な根拠によって利用される場合、例えば子どもたちが遊びに利用するといっても、管理運営責任のあり方などは、町の公共施設のひとつとして学校も含めた関係機関全体の課題として受け止め、教育機関としての学校とは明確に区別して整理しておく必要があるのではないだろうか。万が一、事故があった場合には、施設設備上の瑕疵《かし》があればその責任は町にあるとしても、学校施設の使用目的に応じて当該使用主体に管理運営責任が生じると考えるのが自然である。放課後に自由に子どもたちが出入りできるようにするためには、学校本来の目的に支障がないように管理者の配置はもとより、利用対象者、利用区域や利用時間、禁止行為など一定のルールを定めておく必要がある。

児童遊園や都市公園が十分に整備されていたり、自然環境に恵まれるなど子どもたちの遊び場に不自由のない地域ならともかく、大都市圏域にあって町域も狭い豊山町では、公《おおやけ》の施設としての学校施設は町民にとって貴重な行政財産である。学校施設という公の施設の機能の多様化、複合化、地域交流の拠点化など今後の学校施設に求められる役割はこれまで以上に大きいものがある。「校庭開放」の事例にしてもその所管を教育委員会かそれ以外の部局かといった二者択一の議論ではなく、子どもをとりまく一連の課題としてすべての関係機関により財政運営や公共施設の有効利用の観点から連携して取り組む姿勢や知恵が必要だろうと思う。

高度経済成長や人口増加時代に建設した公共施設が次々と老朽化している。そうした施設の統廃合を含めて自治体全体でこれからの役割や機能を再考するなど、そのあり方を早急に検討すべき時期に来ている。学校施設の有効活用は、その検討の中で管理運営のあり方とともに議論すべき課題である。

令和四年三月、文部科学省の「学校施設の在り方に関する調査研究協力者会議」が、「新しい時代の学びを実現する学校施設の在り方について」という報告書をまとめている。同報告書には、これからの方向性として学校が地域や社会と連携・協働していくために、学校施設を核として他の公共施設等との複合化・共用化等を図る必要がある旨が記載されている。そして、利用形態の多様化に対応するために、施設管理の責任・コストについて関係部局間で調整し、学校に過度の負担がかからないよう、利用内容に応じた組織や運営方法を検討し、整備することが重要であるとしている。それが地域全体で子どもたちの安全・安心を確保することにもつながっていくのである。

全国各地で、学校が現場となった悲しい事件や不審者が学校に侵入する事件が相次ぐ中で、かつてのように住民といえども、全く自由に小中学校に出入りすることは容易ではない世相になった。学校をはじめ、子どもをとりまく環境の中で最も配慮すべきは、その安全確保である。豊山町のように都会化が進み、町域が狭い自治体では子どもたちがボール遊びなどを自由にできる施設は限られてしまうのが現実である。令和四年度に豊山町制施行五〇周年事業で開催された子ども議会においても、参加した児童から施設整備の要望が出ているくらいである。

学校は地域のコミュニティの拠点であると同時に、学校施設は自治体にとっては大切な行政財産でもある。児童生徒のための教育機関として使用される以外に、施設面の工夫や管理運営体制を整備した上で、多目的・多機能な公の施設として大いに活用をしていただくこともこれからの学校施設の重要な役割であろうと思う。

教育予算の難しさ

近年では少しばかり色あせた印象を抱くようにはなったが、かつて世界中が驚くほど日本経済が成長を続けられた大きな要因として、国民一人ひとりが教育によって培われた充実した知識や教養を備えていることを掲げる経済学者がいた。勤勉な国民性に加え、誰もが複雑なパソコンなどもすぐに使いこなすことができる能力、工場でもオフィスでもすぐに働くことができる知識や技術などは、その基礎基本が早い段階で学校において養われてきたという考えである。こうした力が日本の経済を支えてきたのは明らかで、日本の津々浦々まで一定水準以上の教育がほどこされてきたからにほかならない。

これまでよく言われたように、資源の乏しい日本が世界に誇れるのは、国民が持つ一人ひとりの力であり知的財産と言っても過言ではない。ノーベル賞受賞者が日本から相次いで誕生していることはとても喜ばしく、長年にわたり地道に蓄積してきた知的成果と受け止めることもできる。しかし、近年、この日本の教育を支えてきた地域社会の身近なところから小さなほころびが生じてきたのではないかと感じるような出来事を目にするようになった。

公立図書館をめぐる事例を紹介する。公立図書館の管理運営を官民競争でやらせてみてはどうかということから、平成一八（二〇〇六）年から導入された指定管理者制度を多くの自治体が活用するようになった。図書館は、地教行法や図書館法などで社会教育施設に位置付けられた明確な「教育機関」であるのだが、ややもすると入館者数の増減や施設の好感度に気を取られるあまり、図書館本来の目的である教育・文化的機能が軽視される事案が出てきている。そうした中で、指定管理者が運営する某市立図書館で、高名なフランス文学者の蔵書約一万冊が利用実績が少ないことなどから廃棄された事案には驚いた。私の理解では、知的拠点とも言える図書館の重要な役割を認識していたならば、廃棄以外の別の対応があったのではないかと思われるのである。

指定管理者制度の趣旨は、経費の効率的な運用と行政サービスの向上と理解しているが、その前提として公の施設の本来の設置目的を見失っては元も子もなくなってしまう。指定管理者制度がスタートした頃、地方自治法を所管する当時の片山善博総務大臣は、公立図書館の教育的機能に鑑みて同制度の適用はなじまないという見解を示したことがある。私もまったく同意見であった。

教育施設の評価の指標を入館者数で測定するなど、生涯学習事業を参加者数の多寡で評価をする傾向が役所にはある。費用対効果の面からすれば当然という考え方もあるが、教育には数値に置き換えることが難しい要素も多くあることも事実である。例えば、教育の特質でもあるが、企業の利益高や公共施設の建設など目に見える成果と異なり、教育の理想を掲げそこに向かって努力している過程や成果を短期間で評価することはとても困難である。

学校における働き方改革の視点もあり、スクールソーシャルワーカーやＩＣＴ支援員などを学校に配置する市町村が一般的になっているが、今や不可欠といわれるこうした要員も新たに配置しようとすれば、財政担当者の理解を得るために教育委員会の担当職員は相当な努力が必要となる。配置の効果について、教育専門家などは長年の研究を積み重ねて得たデータや理論によって示すことができるが、一般行政職員にはそうした十分な時間的、学問的能力も持ち合わせていない。そこでよく利用されるのが他の市町村の状況調査を行い比較する手法である。他の自治体に遅れをとることはどの自治体も好まれないため、財務当局も適切な予算査定をするためには、そこそこの位置は確保しておきたい。既に〇〇パーセントの市町村で配置され、これ以上遅らせることはできない旨を資料で説明する。あるいは、当該課題を報道した新聞記事や国や県の指導文書を添付するなど予算獲得のためにあれこれ工夫を施し、説得力を増す資料を示すのである。施策の効果を具体的な数値で示すことに教育委員会は本当に四苦八苦するのである。

民間人の特徴と言われる柔軟な発想や効率第一の考え方など、役所が民間企業から学ぶことは確かに多くある。しかし、一方で役所の仕事は、公平性や継続性、中立性などが求められるために、法令や予算の枠、手続きなどについて民間企業とは別の観点で配慮しなければならないことは数多くある。このために画一的、形式的、前例踏襲という言葉で評価をいただくことになる。

財政状況が厳しくなるほどに、文化、芸術、教育に関する取組を財政論議、効率論議に組み込み、あるいはすり替え、その効果を目に見える形、すなわち数値で示すことが求められる。例えば、社会教育施設の集客数や収入増を重視し、その数値が減少すれば、そのたびに予算や職員数を削減の対象にしようとする。当然ながら住民ニーズに応じた施策の提供は大切であるが、数値で測ることが困難な事業、または中長期的な視点で判断しなければならない事業も多くある。

古くから、教育は「国家百年の計」とも言われ、長期的な観点から人を育てることの重要性が説かれている。教育行政に携わる者は、目先の評価や対処療法ばかりではなく大局的な視点で教育行政上の課題を丁寧に説明し、理解を得る努力を続けていく必要がある。

教育行政に対する財政担当者の理解度と効果測定や事業評価が深く関係することから、効果が具体的に目に見えるものでもなく抽象的で、かつ中長期の視点を要する内容が多い教育予算の査定はとても難しかろうと思う。

学校の統廃合

学校は、児童生徒が教育を受ける場であることは言うまでもなく、その多くは地域の中では最も大きな公共施設であり、地域文化の拠点として、また、コミュニティの中心として、市町村にとっては欠くことのできない施設である。しかしながら、少子高齢化の中で全国的に学校の統廃合が相次ぎ、市町村の財政状況や地域づくりとも複雑に関わりあい、多くの自治体で深刻な問題となっている。

そもそも、学校の設置基準はどのようになっているのだろうか。最も地域に深い関りを持つ市町村立小学校を例にみると、その基準は学校教育法施行規則にあり、「小学校の学級数は、十二学級以上十八学級以下を標準とする。ただし、地域の実態その他により特別の事情のあるときは、この限りでない」と規定されている。また、通学距離の上限については、文部科学省の基準では、児童生徒の歩行時間や疲労度をもとに小学校では概ね四キロメートル、中学校では概ね六キロメートルとされている。参考までに、豊山町にある三つの小学校の学級数は、令和四（二〇二二）年度は、特別支援学級を除き一一学級または一二学級となっており、国の基準の上ではほぼ適正規模の範疇にある。通学距離を見ると、平成三〇（二〇一八）年度時点では三小学校の中で最も遠距離で約一・七キロメートル、中学校では約二・六キロメートルとなっている。国の基準に照らし合わせてみると各校ともに極めて恵まれた通学距離ということができる。

参考までに、文部科学省の令和四年度学校基本調査によると、愛知県内の公立小学校は九六二校で、そのうち、一二から一八学級の適正規模の学校は三五〇校（三六・四％）となっている。一一クラス以下の学校は二二五校（二三・四％）となっており、三八七校（四〇・二％）は一九クラス以上の規模となっている。

「調査と情報　六四〇号」（国立国会図書館　平成二一年四月七日）によると、適切な学校規模を考える視点を学校運営、教育財政、教育効果の三点に分類する。学校運営の点では、少規模学校の場合は小回りが利き、新しい試みを行いやすい反面、教員定数が少ないために一人の教員にかかる校務分掌の負担が大きくなる傾向がある。逆に大規模校では活気に満ちた雰囲気がある反面、教員や児童生徒間がお互いを知ることが難しくなるとされている。

教育財政の点では、小規模校は児童生徒一人あたりの諸経費は、当然のことながら増加する傾向にあるものの、学校統廃合をしたとしても市町村費全体の減少効果は比較的少ないとされる。その理由は、統廃合を行う要因の多くは児童生徒の減少によるものであるが、教育効果云々もさることながら行政改革の一環とする場合が多く、学校を廃止した場合でも、教職員の人件費の多くが県費負担であるため財政効果は県に及ぶが、市町村への行革効果は管理運営費や施設の維持管理費の負担軽減に限定されるためである。加えて、統廃合に伴い、新たに学校施設を設置する場合もあり、事業費の一部が国庫補助の対象となるものの、市町村にとっては大きな財政負担を負うことになる。

学校の規模と教育効果の関係では、小規模校では、きめ細かい指導ができる反面、競争意識が欠如したり、規律がとかく緩みがちになるといわれ、中規模以上では集団による社会性の育成などが図れるが、さらに大規模になると活動への参加意識などが低くなるといわれる。しかし、学校をとりまく状況は様々な個別要因があり、同一規模ならば同じ教育効果が得られるかというと必ずしもそうではなく、規模だけで効果測定を行うことは極めて困難である。むしろ、学校規模とは別の次元で地域にとってかけがえのない施設であることが多く、ここに公の施設としての学校の大きな特徴がある。

前出「調査と情報」では、学校の統廃合に関して、教育効果や財政上の課題を論ずる以上に重要なのは、統廃合にいたるまでの政策形成過程（プロセス）であることを説いている。学校に対する思いや立場は、住民の一人ひとりが異なると

令和５年３月をもって閉校した母校（愛知県南知多町立日間賀中学校）

言っても過言ではなく、学校規模だけを重視し、財政論理を軸として計画を進めようとするために生じる住民とのトラブル、保護者による訴訟や首長選挙の争点になることもあるなど、地域住民の感情を分断する要素を十分に含んでいることを知っておく必要がある。学校の統廃合で大変な苦労をされた首長や教育委員会は数多く、かつて、通学区域の再編に伴う混乱から教育委員全員が退任した事例もあると聞く。

学校の統廃合は地域づくりや防災計画などとも密接に関わり、その論点は実に多岐にわたることになる。様々なデータの集積を行った上で、検討過程の初期段階から地域住民の声をしっかりと受け止めていく必要がある。

日常生活を送る上で、私たちが率直に居住条件として関心を寄せ、住みやすいと評価するのは、自然環境とともに学校、公共交通機関、病院、スーパーマーケットなどとの位置関係である。学校のない地域は若い家族が避けることから将来的に人口は増えず、地域の衰退を加速させることはこれまでも多くの事例が実証している。

令和二年に全国の公立小中学校で一斉臨時休業があった際に、学校が単に地域における公の施設という位置付けだけではなく、児童生徒のみならず保護者や地域社会にも大きな影響を与え、地域住民の日常生活に深く広く関わる存在であることを私たちは改めて学んだ。学校の統廃合は、いわゆるハコモノと言われる一般的な公共施設とは比較にならないほど多くの視点から時間をかけて慎重に検討を加えることが必要なのである。繰り返しになるが、財政上の観点からだけでこの課題を議論することは、地域全体のあり方を考える上でも大きなリスクを伴うものであることを理解しておく必要がある。

中学校の制服

近年の異常気象、個性の尊重や価値観の多様化といった、環境や社会の変化はそのまま様々な形で学校生活にも影響を及ぼしている。豊山町で中学校の制服を見直すこととしたのもそうした社会の変化への対応であると言える。

中学校の制服は校則問題と渾然一体で語られることが多く、また、高等学校や公立私立を混同して議論されることもある。校則の内容が、いわゆる身だしなみについて規定されている部分が大半を占めることから、こうした混同を招くことになると考えられる。制服については、従来から校則（豊山中学校では『生活のきまりと心得』）に規定されていて、制服の見直しがあれば、必然的に校則の見直しをしていくことになる。

さて、一般的に制服の選定は、最終的には校長の権限において判断すべき事柄であるとされている。いうまでもなく、学校には学習指導や生徒指導など生徒の人格の完成をめざしていくという役割が求められる。したがって、服装に関するルールについてもその程度や方法は、実際に教育に携わる校長の専門的技術的判断に委ねられるべきものと考えられている。

制服の見直しに当たり、豊山町では校長が適切に判断することを後押しするために必要な関係者の意見やデータを収集することを目的とする検討会議を教育委員会内部に設置することとした。あわせて、この機会に児童生徒が地球温暖化などの環境問題、個性の尊重、多様性、自由と責任、社会と個人などについて幅広く、深く考え、学ぶことができれば良いと考えた。

この検討では、まずは制服の意義を確認する必要があるが、私は逆に中学校の制服を廃止した場合はどうかについて考えてみた。前提として「公立」の「中学校」の制服という枠でとらえた場合、「私学」や「高校生」対象の議論とは少し趣を違えると思っている。

共通して考えられるのは、「制服廃止」とした場合、当然のことながら毎日の日程や行事に合わせ、生徒が自分で自分の服装を決める必要があるということである。日々の自分自身の学校生活のあり方、多少大げさに言えば自らの中学生としてのアイデンティティを自分の責任のもとで第三者に主張することになると考えなければならない。教員や友人をはじめ、周囲の人からどのように見られるか、評価されるか、誰のせいでもない自分の責任において、それらを受け入れなければならないのである。

哲学者の鷲田清一氏はこういう言葉を朝日新聞（令和四年五月一八日）のコラムで紹介をしている。

「先生！　みんなちがって　みんないいって言いますが　どこまで一緒で　どこから　ちがっていいのですか」

という子どもの声である。

まさに中学生の制服を考える際のヒントとなる言葉である。心身ともに発達段階にある生徒たちが、保護者を含め関係者とともに最もふさわしい服装のあり方について大いに議論することに意義があると考える。

個性尊重や表現の自由は極めて大切であることは言うまでもない。しかし、自由には責任を伴うこともまた理解しておく必要がある。自由な服装による通学を可とした場合、予測しなければならないのは、生徒が自分の生活を支える保護者の経済力や服装にかかる負担について、好むと好まざるとに関わらず日常的に直面せざるを得ない状況となるであろうことである。加えて、他の生徒との比較や仲間意識など様々なことが頭をよぎるのではないか。中学生という年代を考えると、服装の自由化は楽しい側面もあるが、時には面倒でつらいことにならないか、新たなストレスの原因や重荷にならないか、ひいては通学すること自体が大きな負担となってしまわないかと私は考えてしまう。

その年代を「多感な時期」とよく表現するが、体形や性格、学力や体力など一人ひとりの違いが顕著になりつつある時期であり、小学生の頃は無邪気に遊んでいた友達であってもいつの間にか比較してしまうこともよくある。

小学生に制服がない理由の一つに、六年間の身体的成長が中学生よりもはるかに著しいことがあり、一方で心の成長期にあって小学生以上に多感な中学生には制服を必要とする利点が多くあるとされてきた、と言われている。

思春期は、仲間外れになることを恐れ、他者との比較からその影響を受けやすい時期でもある。感受性が高く、自我に目覚め、様々な悩みが顕在化する年齢でもある。さらに、自分のことばかりでなく、家庭環境や経済力などについても他と比較することを学び、自ずと気に掛けるようになるのも多くはこの年代からである。身体的な成長とそれに対応する知識や社会性、判断力などが十分に伴わないことがごく普通の状況だと思う。子どもが大人へ成長するまで、一つ一つの階段を昇る、その発達途上である証左とも言える。

中学校の制服に関する意見は千差万別であろうが、考え方の中心に置くべきは最大多数の生徒が精神的により安定し、安心して学校生活が送れる基盤を形成しておくことだと思う。生徒の伸び伸びとした自由や自信は、そうした環境の中でこそより育まれるものである。

一般的に言われる中学生に制服が必要な理由は数多くある。中学生であるというある種の帰属意識の向上や非行等の粗悪行為の抑制など意識的、心理的な効果をはじめ、家庭間の経済格差への配慮、衣服の安全性や機能性など実務面での効果など、生徒・保護者側と学校側の双方にとっていくつもその意義をあげることができる。公立中学校で制服の見直しはあってもそれを廃止せず、着用することがゆるぎない「常識」となっている理由はそこにある。

こうした考え方を学校側の都合と見るか、生徒のための適切な学習環境を確保する方策の一つと見るかは考え方の視点の問題と私は受け止めている。

学習指導要領では、学校の教育活動を進めるに当たって目指すものとして「生きる力を育むこと」と謳っている。児童生徒が個人として尊重されなければならないことは当然として、その上で中学生は心身ともに発達途上であることがまずは考え方の基本であり、前提であると理解したい。だからこそ、学習指導要領の「目指すもの」となり得るのである。

豊山中学校の制服について付け加えておこう。これまでは、男子の制服では袖に、女子の制服では襟の部分に二本の白線がデザインされ、この地域では特色のあるものとなっていた。豊山町は、明治三九（一九〇六）年七月に豊場村と青山村が合併して豊山村となった歴史があり、そのことから制服に二本の白線が採用されたと言われている。

また、昭和二二（一九四七）年四月に戦後の新しい学校制度が発足すると同時に豊山中学校はスタートし、その校章は昭和二三年に制定されている。戦後間もない当時は、欧米諸国に比べ日本の科学技術の遅れが顕著で、これからは鉄砲ではなく、ペンの力によってサイエンスの時代を生み出すことが必要であると盛んに言われた時代であった。こうした社会的背景と願い

「鉄砲よりもペン」
豊山中学校　校章

を込めて、ペンを中央に配したデザインが出来上がっている。戦後八十年近く経過した現在、「鉄砲よりもペン」という願いはいっそう大切にしなければならない時代になっている。

今回の制服の見直しに当たっては、ブレザータイプの制服が令和六（二〇二四）年四月から新たに採用されることになった。胸元に付けるエンブレムには、二本の白線と校章がデザイン化され、先人が込めた願いや長い伝統が継承されたことをとても嬉しく思う。

学校行事

町域が狭いことは、自ずと町民の声が町政に直接届きやすく、地方自治の趣旨からみても歓迎すべきことである。学校関係で言えば、地域の声を学校運営に活かしていくことは当然ながらとても大切なことであり、事実、自分の町の学校として日常的に多くの町民の皆様からご支援をいただいている。しかし、学校教育の一環である学校行事と町民の要望を実現した町事業とが渾然一体に運営されるとなると、その取扱いは慎重に、かつ一定の線引きをしておかなければならないこともある。学校自体がややもすると一般的なサービス機関ととらえられ、保護者からは学校の論理よりも保護者のニーズを優先するといった消費者目線で見られるようになってきた時代の中で、学校の本来的役割を考える上でも学校行事のあり方の基本は押さえておく必要がある。

こうした視点で、実際に経験した事例を紹介する。豊山町で十年ほど続いた中学一年生全員を対象とした二泊三日の「スキー体験学習」のあり方は、事業主体がどうもよくわからないという印象を私は教育長就任当初から抱いていた。つまり、学校が主体的に実施する学校行事の一環なのか、町が主催する自治体間の友好交流事業かということである。修学旅行など多くの学校行事は明らかに校長主導のもと、学校教育活動の一環として行われているが、「スキー体験学習」は、元々、町主催の「中学生海外派遣事業」に替わって開始されたという経緯、会場が町と友好交流都市協定を結んでいる長野県阿智村であること、そして双方の首長がその事業に参加していたこともあることなどから、学校側に実施の有無も含めた裁量の余地がどこまであったのか、学校行事としての教育目的や内容が十分に吟味されていたのか、残っている資料から伺い知ることは簡単ではない。少なくとも、学校の主体的な意思が通じにくい環境の中で実施されてきたのではないかと私には思われたのである。事業自体は、町と学校が一体となって行う友好交流であり、小さな町であるがゆえに行うことができる特徴的な事例と受け止めることもできる。

「スキー体験学習」が初めて実施される際の町議会での議事録を読んだことがある。この事業が中学生の海外派遣事業に替わるものとして提案されたことから、予算をめぐって受益者負担のあり方または平等性という観点からの質疑が中心となっていた。国際化がまさに進展しようとする時代に中学生の海外派遣事業を撤退することの意味、国際社会に向けた教育のあり方、それに替えてスキー体験学習を実施することの目的やその内容、費用対効果などはどの程度議論されたのか、私が拝見することができた文書を読む限り、理解することは難しかった。

私なりの理解では、中学生の海外派遣は、派遣生徒の選抜という「競争」過程があるため、町からの恩恵が一部の生徒に限定される。だから恩恵を平等に分配するために、すべての中学生が参加できるような事業内容に変更することが妥当と判断したのではないかということであった。私には、海外派遣事業を廃止してスキー体験学習を選択するという方針の転換に当たって、教育的意義よりも予算の均等配分を優先した、教育とは別個の議論が中心であったように思えたのである。

学校教育の様々な施策では、常に「機会の均等」と「結果の平等」というふたつの価値観の折り合いの議論が繰り返され、試行錯誤の連続であるように思う。学校教育、とりわけ義務教育では機会の均等は重要な視点であるが、「結果の平等」が十分に担保されないことも現実にはある。事例の適否はあるが、例えば大学の入学試験など、受験という機会は均等に与えられ、誰もが等しい条件下であっても、合否という各自の結果に差が出てしまう「結果不平等」は現実の社会では数多くある。

さて、脇役に回った教育論議を経て「スキー体験学習」事業を託された中学校は、私の知る限りでは、当該事業が中学生を対象とした「町主催事業」ということなのか、修学旅行と同じ性格の「学校行事」として位置付けてよいのか、その目的が不鮮明のままスタートしたのではないかと思う。事業目的を明確にすることは所管を明らかにすることであり、自ずと教育委員会や首長部局などの関与のあり方にも影響を及ぼすことになる。この事業のスタート時点で所管部局の検討がどのようにあったのかはうかがい知ることはできないが、中学生が対象だという理由だけで何の疑問もなく中学校の所管となったのではないだろうかと推察する。こうした経緯を経て受け入れた中学校では、この事業の意義をスキー技術の習得をはじめ集団生活の体験やクラスの団結、親睦のためなどと目的を掲げ重要な学校行事のひとつとして位置付けてきた。

令和五年度から、愛知県下の高校入試の日程が大幅に前倒しになったことを受け、豊山町ではそれまで一月中下旬に行われていた二泊三日のスキー体験学習を見直し、一泊二日の「野外学習」を夏休み期間中に行うことに変更した。変更に向けた町内議論では、やはり「スキー体験学習」の「根本的な意義」は議論の中心から逸れてしまっていたように思う。保護者の立場から中学生の「楽しみ」や「思い出づくり」といった観点で関心を持っていただくのはもちろんありがたく、大切なことであるが、町にとっては負担の重い経費を要する事業だけに、事業主体あるいは所管の所在、目的の明確化などの観点から大いに議論したいと思ったのは私だけではないと思う。

学校行事は、一般的な「行政サービス」とは明らかに性格を異にする必要がある。それは学校という教育機関が持つ使命でもある。中学一年生の早い段階での仲間づくりや体力づくり、夏休み以降の不登校対策などは、その後の中学校生活を考える上でも、大きな効果が期待できる大切な取り組みである。そうした意味からも、スキー体験学習を夏季の野外学習事業へ変更したことは、学校教育の一環としての位置付けとその目的の明確化ができたことに大きな意義があったと思う。

六　新型コロナ感染症と学校

新型コロナ感染症への対応

新型コロナ感染症の拡大防止のために、全国の公立小中学校が一斉に臨時休業となったことについては、これまでにも何度か述べてきた。国からの「要請」という形式で、全国津々浦々の市町村立小中学校が一斉に臨時休業をせざるを得ない状況になってしまったことに言葉にできない強い違和感を覚えた。人々が集まることによって感染拡大を助長するような場所は、ほかにいくつもあることは言うまでもないが、なぜ学校が全国で一斉に休業措置をとる必要があったのか、しかも二月末という時期の週末（二七日、木曜日）に国の方針が報道（通知があったわけではない）され、土曜日と日曜日を挟んで三月二日（月曜日）から実施という極めて緊急性の高い事態として、学校現場への配慮はもとより教育委員会会議に諮るなどの適正な手続きを踏むことが困難な状況の中で実施されたのである。

休業要請とはいうものの国会や厚生労働省、文部科学省などでどのような検討や協議が行われたのか、全国の学校が一斉休業の対象となった医学的・合理的根拠は何か、行政手続き上の問題はなかったのかなど、私には理解できないことが多すぎた。政府のコロナ対策分科会の会長を務めた尾身茂氏は、後年、一斉臨時休業について「専門家の意見を聞くプロセスがないままに政治が判断した」（『朝日新聞』令和五年一月二二日）ことを明らかにしている。

　コロナ禍で次々と発生する予想もつかない出来事への対応には本当に苦戦した。コロナ感染症が発生した当初、様々な場面で対応までの結論を導き出す過程で大変な議論があったこともある。例えば、仮に学校で感染者が発生した場合、全教職員、全児童生徒にＰＣＲ検査を実施し、全員の検査結果が判明するまで学校を臨時休業したらどうかという極端な意見もあった。一方で、児童生徒の学習権確保の観点から、ＰＣＲ検査は濃厚接触者に限定して実施し、できる限り学習活動を維持しようとする意見もあった。

　時間が経過するにつれて、医学的な研究が進み、学校現場での対応策も徐々に安定化してきたように思う。いわゆるＷｉｔｈ《ウィズ》コロナという言葉にあるように、コロナ禍でも日常生活を確保する社会へと次第に移行していこうという考え方である。これは、全国一斉臨時休業の際に、保護者に対する休業補償の問題など学校が国民生活に及ぼす影響があまりにも多いことが明らかになったこと、また、社会経済への影響や児童生徒の学びの保障など様々な観点から、少しでも早く日常を取り戻したいという考え方が浸透してきたことによるものだろう。

この間、地方の教育行政を所管する私たちが常に対応を迫られたのは、児童生徒の学習権の保障と学校の安全配慮義務の両立である。医療の専門家が教育委員会に配置されていない以上、特に誰も経験をしたことがないコロナ対策では国や県の専門機関の指示やマニュアルに忠実に従った対応をすることで、できる限りの安全配慮義務を果たしてきたと言わざるを得ない現実がある。児童生徒の学習権の保障、学習機会の確保はやはり教育委員会にとって最も大きな使命である。憲法の規定を持ち出すまでもなく、国民はすべての児童生徒が同一水準の教育を受ける権利を持っている。文部科学省がコロナ禍で様々な指導助言の通知を発出する理由がここにある。同時にコロナ対策の名のもとに教育の機会均等に支障をきたさないよう最大限の方策を講じていくことが教育委員会の最も重要な役割であると考えてきた。

コロナ対策と学校との関係で気にかかることが何度かあった。前述した通り、学校には医療の専門家は配置されていないため、とりわけ感染症対策などは児童生徒の安全を第一に考えれば、国や専門機関の方針に従うことが最善の策と考える。しかし、時にはそれが学校現場の教育方法にまで影響を及ぼすことになることがあった。こうしたことをいつの間にか当たり前のように受け入れざるを得ない場面がいくつかあったのである。例えば、感染防止策として、長い期間にわたり給食時には児童生徒同士の対面を避け、正面を向いて黙食をするよう指導されていたが、後になって、児童生徒のストレスや成長への影響等を考慮するという国や県の指導に基づき、机の向きの柔軟化や大声以外は話してもよいとするような緩和策が打ち出された。また、義務教育段階での地域間格差も気にかかっていた。コロナ禍では、市町村教育委員会に対して多くの指導・助言通知が国や県から発出されている。その中には授業方法や学校行事への要請のほか、市町村に対策を委ねることがあるなど、結果的に地域間格差を助長してはいないかといった事例が数多く見られた。例えば、前者の事例では修学旅行などの学校行事については目的地や内容の見直しの指導があり、後者については可能な限りオンラインによる学習支援を実施するよう指導があった。時には、県教育委員会経由ではなく、知事から直接それらのことに言及された報道も何度かあった。

こうしたことが三年余も続いてくると、コロナ対策を理由とすれば、教育委員会や校長そのものの立場などは何の意味もないかのような錯覚に陥ることがある。また、これまで義務教育の大切な柱であった機会均等や教育水準の平準化などは考える余地もなく、同じ市町村内ですら学校間格差が生じるのではないかといった危惧さえみられていた。国や県からの指導への市町村対応について、マスコミによって一部の市町村や学校の取組が紹介されたり、市町村比較が報道されたこともある。そうした情報を受け、「豊山町はどうなのか」といった意見や疑問が町議会でも取り上げられていた。

受け入れる学校現場では、何よりも児童生徒の健康を第一に考え、かつ学習機会の確保を図るために、コロナ対策の規制を緩めることはなかなか勇気のいることであった。できる限りの感染対策は実行していこうという考えから、教職員の業務量は次第に増加していった。同時にコロナ対策の一環ということもあり一人一台端末の配置によるＩＣＴ教育環境の整備が加速化されるという状況となったため、教員の働き方改革の進展を鈍らせることとなった側面も出てきていた。

九月入学制度の話題

感染が拡大した初めての夏、学校の臨時休業で失った授業時数を確保するために夏季休業日を短縮した際の出来事は前述した通り、私にとって苦い思い出となっている。感染収束の見通しが全く立たない中で、授業時数を確保する案として、有識者を中心に九月を学年の初めとする制度改正案が浮上したことがある。

いつの時代であっても夏休みは児童生徒にとっては、日常の学校生活ではできない様々な体験を通じて、楽しい思い出をつくり、成長するためには欠くことのできない貴重な時間である。この長期休暇は明治期に始まり、日本の社会ではその期間も含め「夏休み」はすっかり生活文化として定着している。近年では、冷房施設の普及や共働き夫婦の増加、自然環境の変化などによって、そのあり方そのものが議論されるようになってきた。

平成一〇（一九九八）年に学校教育法施行令が改正され、大人と子どもが触れ合いながら充実した時間を過ごすことができるようにとの趣旨から長期休業日の分散化、例えば夏休みを短縮して、その分だけ秋の平日に休業日を設けるといった方策が薦められるようになった。しかし、冷房施設の普及はあるものの、一方で保護者の仕事との関係、児童生徒の授業時間の確保、教員の教材研究や研修時間の確保など、多くの課題が複雑に関わりあっている現状がある。入学式や卒業式の時期と同様に、夏休みや冬休みなどの長期休業期間も生活や文化、社会経済などに深く関わっていることから見直しを図ることは容易ではない。現在の日本で九月入学制度を実際に導入するとなれば、その経過措置の複雑かつ困難性をはじめとして社会に与える影響は相当に大きなものがある。

九月を学年の初めとする制度は、欧米を中心として諸外国の大半で採用されているため、国際化社会の中で日本においても今後再考される可能性もあると思う。しかし、気候の温暖化でその風情が変わりつつあるものの「入学式と桜」、「夏休みと宿題」といった日本人の誰もが共有する思い出や、世代を超えて日常生活に定着した風景は、私たちの心の中に深く浸透しきっているように思える。

一人一台端末

令和三（二〇二一）年度から国のＧＩＧＡスクール構想のもと、全国一斉に公立小中学校の児童生徒に一人一台のタブレット端末が配置された。コロナ感染症の拡大時期と重なっていたことから、タブレット端末活用によるコロナ禍の学びの保障について活発な議論が行われ、いわゆるＩＣＴ教育が一気に進展していった。

学校では教員の働き方改革を進めていた矢先だけに、多くの教員にとって新たな教育方法や教育技術の習得・導入はさらなる負担となっていた。コロナ感染防止対策などの緊急対応にオンラインによる学習支援の準備などが加わり、教員の多忙化にいっそう拍車をかけることとなった。

一人一台端末の前倒し設置は、学校現場からすれば唐突感は否めず、コロナ禍の学びの保障議論と相まって学校本来の役割についても考える機会となった。

思うに、小中学校は、教員が単に知識の切り売りをする場では決してなく、児童生徒が学校という組織、集団の中で様々な知識を習得し、体力を養い、集団でのルールを身に付けるなど、将来にわたって生きていく力を育んでいく場であることは誰もが認めるところであろう。日常的に、家族以外の人々と、あるいは同年代の子ども同士が直接触れ合う中で社会性や協調性などを養い、知識ばかりでなく、豊かに生きていく知恵を自らのものとしていくかけがえのない貴重な場であることは今も昔も変わらない。

学校に対する考え方は多様化しており、従来からの学校観を見直すべきという意見も否定しないが、学齢期の子どもたちがその時期に習得しなければならない生きる力を効率的・体系的に確固たる責任体制の中で育成できる、その中核となる場が学校であると私は思う。生きていくための知識の習得のみならず、多様な考え方や個性があることを知り、お互いが尊重しあって共存していくことを学びあう場こそ学校の本質であろう。

自由とか平等、個性の尊重などが大切なことは誰もが認めるところである。学校という集団の中で、教員と児童生徒あるいは児童生徒同士が日々現実に交流しながら対人適応能力や課題解決能力、生活していく上でのルールなどを肌でつかみ、多様性や個性などについて考え、学び、たくましく生きる力を蓄積していく。そこにこそ学校の存在意義がある。

こうした考え方の上に立ち、改めて一人一台のタブレット端末配置の意義について考えてみた。

全児童生徒にタブレット端末が配置されたのは令和三年度である。当初は、タブレットを活用した新しい学習方法の事例、特にコロナ禍のオンライン学習について、まるで自治体間あるいは学校間での競争意識を結果的にあおるかの如く報道が盛んにされていたように思う。そのたびに、役場の内外から、なぜ豊山町の学校は報道にあるような取り組みを行っていないのかという質問や要望が私のところまで数多く投げかけられていた。多くは、学習効果といった本質的な議論よりもタブレット端末の活用自体を要望するものであったように、私には思えた。「タブレット端末を活用した学習支援」という本来の位置付けが、いつの間にか「タブレット端末によるオンライン学習」という言葉に置き換えられ、率直に言って報道されることに強い違和感を覚えた。何度も述べるように、タブレット端末の活用を決して否定するものではない。むしろこれからを生きていく若い人たちにはＩＣＴの活用は不可欠であり、発達段階に応じた技術の習得と活用は大いに進めるべきと考えている。ただし、タブレット端末の活用方法は学年により、また学習内容によって、さらに端末操作の習熟度も含めて大いに異なるものであると思う。

一人一台端末が配置されてから半年が経過した頃、ＧＩＧＡスクール構想やオンライン授業の課題について取り上げる報道が目につくようになった。例えば、「子どもが画面に集中できる時間は平均で一〇分間」というように、緊張や集中を長い時間持続させることの難しさが指摘され始めたのである。また、「学びの保障」について議論する中で、特に登校できない児童生徒に対して、授業をライブで伝えることこそが「学びの保障」の中心であると主張する意見があった。しかし、児童生徒にとって、家庭環境や個人の学力、個性なども異なる中で、ただただ授業をライブで伝えることだけの効果には疑問を抱かざるをえない。そのことだけをもって「学びの保障」をしているのだと学校側が満足することには素直に賛同はできないのである。

一日六時限、タブレット端末の前に座り、自宅で「学びの保障」が提供されていると考えるのは、児童生徒にとってもいかがなものであろうか。

タブレット端末の活用頻度や方法は、小学校と中学校では異なることは当然で、小学校においても発達段階に応じて柔軟に扱っていくことこそ大切である。あくまでも「学習支援」の一手段として活用していくべきものであってほしい。

ICTが進む中で

児童生徒が下校した後の学校の様子を自分の目で確かめたく思い、何度か放課後の学校を訪問したことがある。総じて職員室の雰囲気は予想以上に明るく活気づいていたことに安堵した。見方を変えれば、夜間でも昼間と同じ状況にあること自体が問題と言うこともできるのだが。職員室では、翌日の授業の準備やテストの採点、保護者に配布する資料の作成などそれぞれの教員が児童生徒のいないわずかな時間を惜しみ、真剣な表情で机に向かっていた。

ある寒い夜のことである。職員室ではなく教室で、子どもたちが提出したプリントに黙々と朱書きを入れている教員を見かけた。防寒着を着たまま、膝には毛布を掛けている。話しかけてみると、資料が多いために職員室に運ぶよりも効率が良いから教室で仕事をしているとのことである。その姿は、一枚一枚のプリントに子どもたちの顔を思い浮かべながら自ら赤ペンで書き込むことの大切さを私に教えてくれた。彼は「教員ですから、これが好きなんです」と笑顔で語っていた。寒い夜間にプリントを通じて子どもたちと会話をする、その姿に思わず頭を下げずにはいられなかった。

タブレット端末について、私は一つだけ素朴な疑問がある。それは、タブレット端末に組み込まれた様々なソフト、いわゆるデジタル教材はどういう人たちが開発し、その内容をどこかの公的機関がチェックしているのだろうかという疑問である。デジタル教材は性格上、副教材で単なる学習支援の道具であると考えれば、それほど気にする必要はないかもしれない。しかし、多くの専門家が多大な時間と労力を費やして採択される教科書、その教科書を使用し教員免許取得者である教員が教えるという基本によって学校教育は成り立っている。こうしたこととの整合性は、どう説明できるのだろう。多分、私の不勉強のための余分な心配であろうが、端末やデジタル教材を開発し販売する教育関連企業などにリードされ、学校現場で無防備のまま教材が使用され、いつの間にか義務教育の本質から乖離し取り返しのつかないことになってしまわないかと懸念する。例えば、カラフルな画面は色覚異常の児童生徒に配慮しているのだろうか、画面上に登場する様々な用語等は教科書の内容や学習進度と整合がとれているのだろうか、デジタル教材を使用する学校側もその中身をよく精査する必要があると考える。

令和四（二〇二二）年度の全国学力・学習状況調査（文部科学省）では、豊山町内の小中学校におけるＩＣＴ機器の活用状況は、全国や愛知県の平均を上回るという結果が出た。豊山町では平成三〇（二〇一八）年度に各校五〇台のタブレット端末を既に整備していたこともその要因かと思われるが、ＩＣＴ機器に振り回されることなく、教員や児童生徒がこうした機器を有効に使いこなし始めた成果と私は受け止めている。

「眼光徹紙背」

『壊れる日本人』

豊山町の教育長室に「眼光徹紙背」と大書された額がある。江戸時代の儒学者塩谷宕陰《しおのやとういん》の言葉だと伺っている。「眼光紙背《がんこうしはい》に徹《てっ》す」と読み、書物の字句の背後にある深い意味を読み取ることだと解釈をしている。私は、この言葉が生まれた時代では予測もできなかった状況下に現代社会があり、その持つ意味はさらに深く重く思えるのである。平成一七（二〇〇五）年に『壊れる日本人』（柳田邦男、新潮文庫）という本が出版された。ケータイやネットの急激な発達・普及は、心の発達を阻害し、人格形成やコミュニケーション能力、情緒、感情、五感などを破壊していくことを指摘し、芳醇だった日本の文化の再生を訴えている。

あれから情報技術の進展はさらに進み、全国の小中学校の児童生徒の手元には、一人一台のタブレットが整備されるまでになった。『壊れる日本人』で指摘されて以降、現在までの子どもたちにＩＣＴの進歩は、どのような影響を与えてきたのだろうか。現実の生身の人間同士の接触が少なくなり、コミュニケーション能力に影響は出ていないだろうか。言語能力、感情表現はどうだろう。相手の気持ちや場の空気などを理解しながら会話をすることを心掛けているのだろうか。行動や思考が自己中心的になっていないだろうか。モラル意識はどうなのだろう。高齢の私には次から次と疑問がわいてくる。

　電車の中で大きなリュックサックを背負い、周囲に気遣いをしているとは思えない様子でゲームやスマホを操作している若者（最近は中年までも）を見ると、核家族化で幼いときから車というプライベート空間で移動することに慣れた人たちからすれば、電車の中でのマナーのような、いわゆる公衆道徳などはもともと思考の中に育ちにくい環境になっていると思わざるを得ない。ましてやゲームやスマホという自分だけの世界に入り込んでしまえば、その傾向はさらに強まるに違いない。

　小児科医の成田奈緒子氏はその著書で、生活リズムの乱れと、スマホやタブレットなどの電子機器の多用は、脳機能のバランスを崩し、言語や感情制御、社会性の獲得に影響を与え、増加傾向にある発達障害と関係性があることを示唆している。

　社会における新たな課題が発生するたびに、特にそれが若者に関するものであれば、その遠因は学校教育にあるとされてきたことは多々ある。学校はその都度、課題への対応に向けた要請を受け入れてきた歴史がある。学校教育に大きな影を落としている顕在化してきた教員の多忙化の要因ともなっている。スマホなどに関わる課題が浮き彫りにされている昨今、当然のように公共での道徳や社会のルールは学校で教えるべきだということになる。

ネット社会という大きな時代の変化の中で、子どもたちの社会性や他人への気遣いのあり方などを学校で教えるということになると、なかなか容易なことではない。先ほど紹介した『壊れる日本人』における「家庭事情も教育環境も情報環境も異質になってきた中で、どのようにすれば子どもの心がまっとうに育つのかという問題に対し、国も地域も親たちも具体的で有効な対応策を見つけ出せないまま立ちすくんでいるという状況ができてしまった」という一文は私の読後感想メモに残っている。

文部科学省の令和四年度全国学力・学習状況調査によると、月曜日から金曜日に一日当たり四時間以上テレビゲーム（スマホ使用を含む）をする児童生徒は愛知県では二割を超えていたという結果がある。休日を調査対象に含めれば、その数字はさらに高くなることだろう。あわせて、近年若い人のテレビ離れが進んでいるという報道がある。テレビゲームやスマホによるネット動画などに時間を費やし、一家そろって同じテレビ番組を視るというかつての習慣は消えつつあるようだ。

さて、街中を歩きながらスマホやゲームに夢中になっている人たちは、自ずと周囲の状況が十分に目に入らず、そのために気配りや目配りが行き届かなくなり、結果としてエチケットや礼儀などがおろそかになる可能性がある。子どもたちが、自然の風や光や音を感じ取り、豊かな感性を養う機会を社会が根こそぎ奪っているように思えるのは、私自身の思考回路が古くなり、社会の新しい動きについていけていないからなのかもしれない。しかし、『壊れる日本人』は現実のことになりつつあるように思う。子どもたちをとりまくこうした環境の変化は、学校や教員だけで適切に対応できる領域をはるかに越えていると思うのは私だけではないと思うのだが。

思考と情報

コロナ禍で小中学校の児童生徒に一人一台端末が整備され、オンラインによる学習支援や端末を活用した学習方法が盛んにマスコミにも取り上げられている。こうした中で、ある市立小学校での研究発表授業を視察する機会を得た。タブレット端末を活用した「最先端」の授業が展開されているのだろうと予想したが、見事にはずれた。

一年生から六年生までのクラスの大半を拝見したが、私が見た限り児童の机上にタブレットを置いた授業は一件もないことに気づき新鮮味すら覚えた。先生は、自らのパソコンと接続した大きなスクリーンやモニターテレビを活用するなど新しい技術を取り入れる一方で、従来からの板書も併用するなど、丁寧な授業を心掛けていることが見ている我々にもよく伝わっていた。

算数の授業では、児童は三角定規を使い、図形を一生懸命に鉛筆でノートに書きこんでいた。先生の指示を受け、ノートに書きこむまでの「間」、書き込みながら少し考え、時には消しゴムを使う、その「間」がとても大切だと私は思う。まさにその「間」こそ、ものごとの筋道や論理性を養う大切な能力が頭の中でコツコツと養われている「時間」なのであろう。時間がかかり効率的ではないかもしれない。しかし、一つ一つの知識や知恵がこの時間の中で頭の芯にたどり着き、確かな学力として身につくのではないか。自分自身もそうして勉強をし、考える方法を学んできたように思う。古い考えなのだろうか。

『14歳からの哲学』の著者である池田晶子氏は「自ら考えて知ることだけが『知る』ということの本当の意味だ。情報を受け取って持っているだけの状態を『知る』とは言わない」と述べている。タブレットの画面をタッチすればお気に入りの情報が映し出される。それを見たり読んだりすることで頭に入るだろうか。

小中学校で、タブレット端末を使った授業を何度も拝見した。子どもたちは与えられた課題を検索し、きれいに整理された写真やデータをあっという間に画面に映し出し発表する。学年によりタブレット操作の習熟度に差があるのは当然であるが、子どもたちの柔軟な頭脳は新しい道具を瞬く間に自分のものにしてしまう。しかし、タブレット端末の操作技術は身につくかもしれないが、課題に対して自らの頭でどれほど思考したのかについて、私にはよく理解できない場面が多くあった。

思考することに時間をかけてもかまわない。これこそ人間らしい生き方と思う。

七　教員へのエール

教員に求められるもの

「教員の資質」という言葉が聞かれるようになってからずいぶん久しくなり、感覚的には長年にわたって常に言われ続けてきたように感じる。しかし、この言葉は時代とともに、その意味するところの背景が明らかに異なっている。

豊山町に町制が施行された昭和四七（一九七二）年は、日本が高度経済成長のピークに達した時代であった。当時は、地域、学校、保護者、子どもたちが同じベクトルで、同じ価値観で日常の豊かさを求めていた時代でもある。経済成長とともに、国民の高学歴化が進むにつれ、優秀な学生は企業への就職を望む傾向が強まり、相対的に教員の資質が問われるようになった。優秀な人材を教壇に立たせるためには教員の処遇改善が必要であるとして、当時の田中角栄内閣の下で、昭和四九年に「教員人材確保法」が成立した。同法には、教員の給与について一般公務員の水準と比較して必要な優遇措置をしなければならないと規定されたのである。

この時代には、昭和四七年に施行された「教育職員の給与等に関する特別措置法」（以下「給特法」という）とともに、教員の待遇に関する法整備が積極的になされていた。後になって、給特法は、教員の超過勤務手当に相当する教職調整額（給料月額の四％）が教員の勤務実態にそぐわないことが問題とされるようになる。

では、この時代になぜ、教員の待遇改善策が講じられたのか。それは高度経済成長に伴い大学進学率が上がるにつれ、学生は教員よりも所得の高い民間企業を希望するようになった、その傾向に歯止めをかけるためと言われている。子どもの数が増加の一途をたどり教員の需要が増す一方で、優秀な学生は景気の良い民間企業に流れるという傾向が顕著になった。まさに、学校に優秀な人材を確保することが重要かつ緊急の教育課題となっていた。当時、「でもしか先生」という言葉があった。「先生でもやろうか、先生しかなれない」という意味である。増員が求められる中で、教員という職業の当時の優先順位の一端がうかがわれる言葉である。

大学進学率の推移の概略を述べれば、昭和三〇年代は一〇％台後半、昭和三〇年代後半からは一気に二〇％台となり、四〇年代後半には三〇％台になってくる。令和になると五〇％を超え、専門学校などを加えた高等教育の進学率は八〇％を超えているというデータがある。教員の資質に関する議論は、国民の高学歴化と無縁ではなく、高学歴化社会になれば、相対的に知識人としての教員の立場が低くなるのは明らかである。一般の人が教員以上に専門的知識を持っていたり、日常的に英会話をこなしたりといったことが普通に見受けられるようになり、教員には知識よりも教育者としてのあり方そのものに重点が置かれるようになった。教員の不祥事に対する厳しい目はそこにもあると思う。

教員の資質に関する近年の背景は、さらに複雑に入り組んでいる。経済が安定成長に移行し、社会が成熟化するに伴い、かつて同一方向に向いていた学校をとりまく状況は一変し、学校や教員に対する考え方の多様化が進んできた。それは、個人の生き方や価値観の多様化が進むにつれ、学校自体に求める役割や機能にも影響を与えている。教員は地域や保護者の要望に応え、あるいは子どもたちのためにという使命感から、これまで多くの課題を抱え、対応をしてきたことはよく語られることである。

社会の急激な変化、価値観の多様化と教員の過重労働とは密接な関係がある。とりわけ、経済成長に伴う都市化現象は、それまで家庭や地域社会が持っていた当たり前と思われた教育機能を瞬く間に減少させたのではないか。学校の役割は、地域文化の拠点だけに留まらず、近年では地域防災、福祉や家庭教育の領域までも求められるようになってきた。社会で新しい課題が発生するたびに、子どもに関わることであれば学校がその解決のために何らかの形で請け負うこととなった。交通安全教育、情報教育、最近は小学校からの英語教育、しつけや礼儀作法まで学校に求められるなど、数え挙げればきりがない。増えるばかりで決して減ることのないこうした要望・要請に対して、学校で働く先生方は歯を食いしばり、「子どものために」という使命感を支えに、これまでよく応えてきたと私は思う。

教員免許という資格を越えて、福祉、環境、防災、交通安全、公衆衛生などについて、多くの教員は自ら勉強をし、研修を受けて求められる知識や経験を習得してきた。経験したことのないスポーツ種目や文化部門の部活動顧問となった際もしかりである。時には知識や技術を習得するための経費を自己負担することもある。

保護者の一部には、教育機関である学校を消費者目線であるいはサービス機関としてとらえる人もあると言われるまでになり、十分な対応ができない教員に対してその資質を問題視する場合も出てこないわけではない。教員の働き方改革が進んでいるが、今まで長年にわたって背負い込んできた幅広く、かつ重い課題について、どの機関で、あるいはどういう仕組みの中で対応することが最も適切であるかを再考することにより、教員の肩から一つ一つ負担を降ろしていく取り組みが待ったなしで必要なのである。

何度も述べるが、学校は紛れもない「教育機関」であり、教員の本分は「教育をつかさどる」ことであり、教員が「授業の充実のための時間を確保すること」を優先できる職場環境を整備することこそ大切で、何よりも子どもたちのために、学校や教員が追い詰められ、立往生をしてしまう状況だけは避けなければならない。

こうした難しい時代に、教員に求められるものとは何なのか。高学歴社会、高度情報化社会の中で専門知識や最新の情報を備えた人々は、教員よりもむしろ社会に多くみられることは明らかである。小中学校の教員が、地域における最も先進的な知識人であるという時代は過去の話であるといっても過言ではない。今、教員に何よりも求められるのは、専門的知識や教育技術の修得は当然として、子どもたちの成長に大きな影響を与えるに足る確固たる「信頼」である。一途に子どもたちの成長を願い誠実に職務に励む姿勢は必ず信頼を得るものと信じている。教育に携わる者は、これまで以上に強い自覚を持って日々の仕事に臨むことが求められている。

学校における働き方改革

「教員の多忙化解消」という言葉が、いつの頃からか「学校における働き方改革」に変わったように思うのは私だけだろうか。分岐点の一つは、民間労働法関連の「働き方改革を推進するための関係法律の整備に関する法律」が施行された平成三一（二〇一九）年四月頃であったように思う。同法施行直前の同年三月一八日付け文部事務次官通知の標題は、既に「学校における働き方改革に関する取組の徹底について」となっている。

教員の多忙化は長年にわたる課題であり、文科省がこれまでに行ってきた教員の勤務実態調査の中でも明らかとなっていた。その原因は、若手教員の増加、授業時数の増加などに加え、部活動の長時間化や各種調査、保護者対応などとされている。しかし、この課題を根本的に議論しようとするならば、従来から指摘されてきた教職員定数の改善、廃止となった免許更新制、各種調査や研修の見直しなど国の文教施策を同時に進める必要があり、学校における働き方改革という視点だけではおよそ目的を達成することは困難である。私が気にかかるのは、「働き方改革」の上に「学校における」を付けることによって、教員の多忙化の問題が教育委員会や校長等の学校現場関係者の管理運営問題に矮小化されているのではないかということである。確かに校長の権限や教育委員会独自の施策によって改善できる点も多くあり、現にこれまでも可能な限り実現をするように努めてきた。

　私はこの課題を小さな町の教育委員会でもできることから、一つずつ実行してみようと試みてきた。教員の多忙化を解消することは、とりもなおさず職務の中心である授業を充実させるためであり、その質を高めることは児童生徒の学習の質を高めることにほかならないからである。

　私は、学校における働き方を見直すための課題を「学校経営」「組織体制」「施設・設備」「その他」の四つに区分・整理して取り組むこととした。学校経営の視点では、まずは夏季休業中の学校休業日の設定、学校行事の簡素化、校長の出張業務の精選など学校の管理運営上可能なものから着手してみた。また、予算編成前に校長との意見交換を十分に行い、より効率的な学校予算の組み立てを行うことを試みた。この取り組みの中から働き方改革につながったものがいくつもある。国や県の制度以外で、町独自の取り組みとして財政負担ができる限り少なく、しかも実現可能なものから順次取り組んでみたのである。

教員の働き方改革は、いわば「身内の問題」と受け止められることがあり、自分たちが楽をしようと思っているのではないかという声すら聞こえてきたこともある。決してそうではなく、これまでに背負い込み過ぎて限界点に達した学校の役割を少しずつでも見直すことにより教員の勤務状況を改善し、教員がゆとりをもって児童生徒に接する環境を整えようとするものである。さらに誤解を解くために「ゆとりをもって」とは、授業の準備や教材研究、児童生徒との対話などに精神的にも時間的にも教員が十分な力を発揮できる状況にあることと考えていただきたい。

学習指導要領の改訂に伴う授業時間の増加、免許更新制に代わる研修等に関する記録作成、部活動の地域移行へのトーンダウン、「給特法」の見直しなどを例に挙げるまでもなく国レベルで実行できる教員の働き方改革について、その真剣度や視点が問われている状況下にあると私は考えている。そうした中で、教員を目指す学生の減少、教員採用試験の志願者の減少などは深刻な社会問題と化しているのである。教員の働き方改革の目的は、何よりも児童生徒の学習の質の向上にあることを理解してほしい。

勤務時間の見直し

働き方改革の取り組みの中で最も気を配ったのは、教員の勤務開始時刻の前倒しと児童生徒の登校時刻双方の見直しであった。勤務時間の割り振りは、学校業務の根幹に関わる事柄であるために各校長の重要な権限とされ、教育長が口をはさむことは極力控えたが、町内小中学校のすべての教職員の服務や教育条件の公平性を考慮する観点から、町内校長会議の議論には私も参加させていただいた。

慎重な協議と関係者への説明を重ねた結果、令和四年度から町内三小学校の教職員の勤務開始時刻を十五分前倒しし、勤務時間を八時一五分から一六時四五分までに変更した。中学校については、かねてから同勤務時間ではあったが、生徒の登校時刻を原則八時一〇分から八時三〇分の間とし、学校管理の手が薄い早朝からの登校を控えてもらうこととした。勤務時間自体を短縮したものではないことをあえて申し上げなければならない。

かつて、文部科学省による働き方改革の改善事例では、この勤務時間の前倒しが一丁目一番地で掲載されていたことを記憶しているが、当時は部活動の早朝練習の実態や保護者意識への懸念などから実現することは困難だろうと私は考えていた。

しかし、令和二（二〇二〇）年の新型コロナ感染症の拡大によって、児童生徒の登校時の健康観察を、毎日必ず始業前に昇降口等で担任はじめ複数の教員が行うことが常態化したことにより、働き方改革の次元を越えて、教員の勤務開始時刻の前倒しを真剣に考える必要が生じていた。健康観察で疑義のある児童生徒は、家庭はもとより兄弟姉妹のいる学校や学年等へ迅速に連絡をする必要がある。家族も含め健康に疑義がある児童生徒に対して帰宅するように促す、この行為は、学校保健安全法に根拠を持ち、児童生徒本人も含めた健康を守るための対策というものの、学校という公の施設の使用を認めないという重い判断にほかならない。

健康観察は、もはや勤務時間開始前の「自主的な勤務」として扱う性質の類ではなくなっていた。登校時の児童生徒の状況把握は、この健康観察が始まる以前から一日が始まる大切な業務であり、「自主的な勤務」のレベルではなかった教員にとってコロナ禍で顕在化したに過ぎないということである。こうした状況の中で、正規の勤務時間管理下で児童生徒の安全対策などに責任のある体制を整備する必要があると考えた。

勤務時間の適正化により捻出されたわずかな時間や精神的なゆとりを児童生徒の授業の準備や教材研究のために使ってほしい。教員の働き方改革は、教員の精神的・肉体的健康管理を図ることにより、そのすべてが児童生徒に対する学校教育の質の向上のためである。学校における働き方改革の中心に据えなければならないのは「児童生徒の学習の充実のために何ができるか」であり、そのための働き方改革である。教員はもとより保護者や関係者のご理解とご協力をお願いしたい所以である。

こうした町独自の取り組みを実施したもうひとつの背景がある。それは、教員の業務量の適切な管理等に関する指針を策定するための法律である「給特法」が改正され、関係部分の施行が令和二（二〇二〇）年四月から施行されることとなったのである。教職員の勤務時間の上限が規定されたことにより、合理的な理由もなく上限を超える超過勤務は形式上「法令違反」となった。ちなみに同法では、超過勤務時間の上限は一ヶ月四五時間、一年間で三六〇時間と定められている。平成二八（二〇一六）年度の文部科学省の教員勤務実態調査では、一日あたりの学内勤務時間が小中学校ともに十一時間を超えていたことが明らかになっていた。「法令違反」は地方公務員法に定める懲戒処分事由の一つであり、職務上の義務違反や非行、信用失墜行為などと並んで公務員にとって常に心掛けるべき重要な事項となっている。

先に述べたように、豊山町内の小学校において毎朝、「勤務時間外」に行っていた健康観察は「正規の勤務時間内」の職務として扱われることとなり、コンプライアンス上も改善され、責任の所在も明確になった。こうして新型コロナ感染症拡大以前から、過重勤務の比重が大きかった早朝勤務の位置付けは一部ではあるが改善されることとなった。

職場環境の改善

働き方改革における町内学校組織の体制の見直しでは、従来からの町独自の非常勤講師の配置、部活動指導員の配置に加え、用務員等の勤務時間の拡大、学校事務の共同処理化、スクールソーシャルワーカーの配置をはじめ、令和二年度から小中学校における学校徴収金の自動引き落としを実施した。文部科学省によれば、基本的に学校以外が担うべき業務に「学校徴収金の徴収・管理」が含まれているが、そのこと以前に、豊山町では学校における教材費などの徴収が近年に至るまで現金によって児童生徒から直接徴収されていた実態には正直驚いた。この見直しは、教員の働き方改革というよりも児童生徒の安全確保、徴収金の適正な管理という観点から取り組んでみたものである。

施設・設備の見直しでは、留守番電話やタイムカードの設置があげられるが、最も大きな事業は空調の整備である。普通教室・特別教室への空調整備は児童生徒の学習環境の改善という観点もあるが、教職員の快適な職場環境の実現という意義もある。ICT機器の導入と同様に、職場環境の改善は業務の効率化に直結し、働き方改革に大いに効果があると考える。

空調整備に当たって心配したことがある。教育長に赴任して間もない平成三〇(二〇一八)年秋、児童生徒の熱中症対策として文部科学省は期限付きの国庫補助制度により全国一斉に空調関連の改善を図ろうとしていた。豊山町内の学校は四校と少ないため、熱中症対策で全国の公立小中学校約三万校が一斉に空調整備を進めた場合、事業者の立場から見れば学校数の多い、つまり予算規模の大きな自治体へ関心が流れるのは当然のことで、私は小さな町まで空調機材が届かないか、工事が後回しになってしまうのではないかということを懸念していた。そのために、赴任した早々に最も力を注いだのが空調の整備に要する国庫補助費の確保と工事の早期着手であった。赴任した直後に臨時町議会の開催を手配していただき、工事の契約が完了し、早々と工事に着手できたことは本当に嬉しい思い出である。本格的な猛暑となる令和元（二〇一九）年六月には、すべての小中学校の普通教室に空調が整備され、心地よい風が流れる教室で子どもたちは笑顔で授業を受けることができるようになった。

学校は隠蔽体質か

県教委に勤務していた頃、報道機関の皆さんとは本当によく接する機会があった。そこで時々感じたのは、多分私の勝手な思い違いであったのだろうが、学校関係の報道にはある種のシナリオが先にあるのではないかという印象をたびたび持ったことである。

かつて教員の不祥事（児童生徒へのわいせつ事案）に関する報道のあり方について某記者と長時間にわたって意見交換をしたことがある。記者は、教育委員会や学校のいわゆる「隠蔽体質」を問題視して当該教員の氏名と学校名の公表を執拗に求めるが、当時の私は、教育委員会や学校は、何よりも公表することによる児童生徒への影響をまずは第一優先とすべきと考えていた。それは、学校が教育機関である以上、児童生徒の視点でものごとを考え、児童生徒への安全配慮以上に重視するものはないという考え方からである。一方で、不祥事を起こした教員には厳しく対処するとともに、そのこと自体は公表し、任命権者として深くお詫びをし、再発防止にもつなげていくことは言うまでもない。

学校名や教員の氏名を公表することにより、結果的に地元で児童生徒が特定されてしまうケースもあるため、当事者や保護者の同意を得る必要があるなど様々な事情によりそれらを公表できないこともあった。報道機関の立場からすれば、それだけでは不十分であろうことは私も理解できるが、教育委員会と報道機関の間でその立ち位置や考え方のちがいから双方の意見が平行線のまま、結果として「学校＝隠蔽」のシナリオで報道されることもあり、印象として固定化されてしまうことはとても残念に思った。

報道機関からの取材をはじめ、教育委員会や学校に対する要望や厳しいご意見などに対してどう対応するか、私が心掛けていたことが三点ある。日頃から教育委員会の職員には話してきたことであるが、まずは、要望や意見交換の場から「逃げない」ことである。次にそうした場面で言い逃れや思いつきの考えなどにより「ウソをつかない」こと、三つ目は当方の一貫性・信頼性を保つために「窓口は一本に絞る」ことである。至極当然で簡単なように思われるかもしれないが、日常業務に追われながらこうした状況に対応するのはなかなか難しいことである。その対応策として、発信する情報の精度を高めるために、何よりも事実関係の正確な把握を徹底し、課題を整理し、想定される質疑応答をまとめ、その中には当面の対策も書き込むようにすることを心掛けた。同じ趣旨を回答しても回答者の言動の印象によって受け止め方が変わることがある。そうした弊害を防ぐためにも、責任ある窓口の職員は極力絞りこむことにして、こちらの意思を間違いなく伝達する工夫が必要であると考えた。要望やご意見に適切に対応することは、行政側の使命でもあり責任を果たす観点からも極めて重要であるが、現実にはなかなか困難を伴うものがある。

こうした方針を前提に、担当にすべてを委ねるのではなく組織全体で対応することが大切である。窓口は一本でも知恵や応援はみんなで出し合い、当方の意思や事実関係の説明はぶれない、最後は管理職が責任を果たすという覚悟と体制が整っていれば、必ず解決の糸口はつかめると信じていた。

教職員の不祥事に関連して、もうひとつ付け加えておきたい。

子どもが成長する過程において、かつては家庭や地域で自然に学んできたことのうち、いつの間にか学校が背負い込んでしまった事柄も少なからずあるように思う。その結果、「教育が悪い」という一言で、子どもをとりまく様々な課題を一括りで語ろうとする一部の方々の言葉は、ややもすると「教育＝学校＋教員」を直ちに連想させてしまうことになり、こうした風潮がますます学校や教員の立場を苦しくしてしまってきた一面もあるのではないだろうか。

教員は「子どものため」という使命感をもって、学習指導という本来業務に加えて、例えば家庭内でのしつけの範疇といわれた内容までも対応してきたと言われる。しかし、子どもをとりまく多くの課題は、もはや学校や教員だけで対応できるものは極めて限られている現実があり、「学校と子どもの関係」という単純な方程式では解けない領域に入っていることも理解しておきたい。

子どもの成長は家庭、学校、地域がそれぞれの役割を果たし、連携し、お互いに支えあって始めて成り立つものであり、それはいつの時代も変わるものではない。

不祥事防止のために

不祥事の防止を声高に語らなければならない大きな目的の一つは、組織の立場からみれば組織全体の信頼確保であることは言うまでもないが、もう一つは人材の育成・保護という観点もある。不祥事を起こした当事者は、自ら招いたとはいえ本当に悲惨な状況になることを私たちは日頃からよく想像しておく必要がある。自分が最も愛する家族や友人、指導してもらった諸先輩、加えて教え子や保護者、同僚などからの信頼は一瞬のうちに無残にも崩壊することになる。場合によっては、退職を余儀なくされ、あるいは職場を変わり、離婚、転居など家族も巻き込みながら生活が大きく変わってしまう事態も数多くある。

不祥事防止対策として役所が常套手段で行う職員宛ての「綱紀粛正」に関する通知文書だけに頼るのは、反省も込めて、その効果にはいささか疑問がある。あってはならないことではあるが何度か発出しているうちに職員自身が慣れてしまうのである。私が県教委に勤務していた際に不祥事防止対策として手ごたえを感じたのは、県内すべての地域の校長会に出向き、直接、校長に不祥事防止の思いをお伝えした時である。愛知県内の名古屋市を除く公立小中学校と県立学校の地区校長会二〇か所ほどに出向き、直接対面で自分自身の言葉でお話をさせていただいたが、通知文書よりもはるかに強い危機感を説くことができ、本気度を伝えることができたように思う。

当時の不祥事の事例をいくつかみると、交通安全運動期間の最中に速度制限違反があったり、個人情報保護が厳しく言われている中でメモリースティックのずさんな管理が明らかになるなど、内容的には決してその防止が難しいものではない。なぜなら、飲酒運転やスピード違反、体罰、セクハラ、個人情報の管理など、誰にでも理解できる社会人として最も基本的な常識を守ろうということが求められているだけなのだから。教員の不祥事などは撲滅できないはずはないと今でも思っている。

一人ひとりの意識の上で大切なのは、教員という立場上、自分は知らなくても地域住民は教員の顔や所属を知っているということを日頃から認識することである。自分が今行っている行為や発言している内容が、保護者や地域住民、児童生徒に胸を張って説明できるかどうかという意識の有無、そして、「まさか自分が」とか、「これくらいならいいだろう」といった心の隙、脇の甘さが自分のどこかにあったときに不祥事は発生している。

瞬時に世界中に情報が流れる時代にあって、一端不祥事が発生した際には速やかに対応をすることがこれまで以上に求められている。また、ほんの一部の教員の不祥事が教員社会全体の信頼に大きな影響を与えることも知っておく必要がある。たった一人の教員の不祥事は「いまどきの先生はダメ」というイメージを決定的にしてしまう。それが持つ波及効果は大きく、大多数の教員が額に汗してきたそれまでの地道な努力を一瞬のうちに破壊する十分な力を持っている。

時代は急速に変貌し、地域や保護者の学校や教員に対する考え方も多様化してきた。こうした時代であるからこそ、これまで先人が築き上げてきた教育に対する信頼を私たちの時代に崩壊させてはいけないと強く思う。

教員出身大学の多様化

愛知県内の公立小中学校では、かつて、愛知教育大学出身者の教員の割合が今以上に高い時代があった。その理由は、愛知県内において小中学校両方の教員免許を取得できる大学が同大学など一部の大学に限られていたことなどによる。近年では、小中学校両方の教員免許が取得できる大学の増加、他県からの合格者の増加、愛教大出身者の採用試験受験者の減少などにより、様々な大学の出身者が愛知県の小中学校に採用されるようになった。教員採用試験の倍率が深刻な状況まで低下してきた現在、愛知県における小中学校の採用者のうち愛教大出身者は推測ではあるが四人に一人くらいになっているのではないだろうか。

愛教大は、昭和一八（一九四三）年に名古屋市内と岡崎市内に設置された二つの師範学校を主な母体として、昭和二四年に愛知学芸大学として設立されている。昭和四一年、愛教大が現在の刈谷市に移転設置されたのは、尾張と三河のまさに中間（境川流域）に位置するからと伺っている。戦後の愛知県の義務教育を牽引し、愛知の教育の発展に圧倒的な貢献をしてきた愛教大が、二つの師範学校を前身とすることにより、尾張と三河の絶妙な均衡の上に安定的な教育行政システムを構築し、おそらく全国に例を見ない義務教育体制を確立したと思う。

教員の出身大学の多様化は、愛知県の教育にどのように影響をしてくるのか。知識や経験の継承を含む有形無形の影響が近い将来出てくるのではないか。現在はその大きな転換期にあるように思える。

学閥や同窓会組織は、そこに加入していること自体でややもすると個人の能力以上の恩恵を受けることがあるのではないか。教員の世界に例えれば、当初は、優れた教員が集まることにより自然に尊敬され信頼を得てきた同窓会等の団体も、時が経過すれば団体名が一人歩きすることにより、個人の能力とは関わりなく、団体加入者であればすべて優秀という錯覚に陥ることがある。学歴が人生を優位に乗り切る特約チケットのような役割を果たしていた時代ではもはやない。同窓会組織自体が優秀なのではなく、構成する一人ひとりが優れていて、その集まりだからこそ、はじめて一目置かれるに値する団体になるのだ、ということである。

愛知県の公立小中学校では、校長を始めとした管理職の出身大学の構成が変わりつつある。地域や保護者から多種多様な要望や意見を受ける近年の学校にあって、対応する学校自体も多様な能力、多様な経験、多様な考え方やネットワークを持つ人材で構成することは必要だろう。学校が学校をとりまく課題に対して、より適切に対応していくためにも解決の糸口を一つでも多く持つことは有効である。そのことが学校全体の力量をさらに強化していくことになる。

同窓会組織や特定の地域内組織で、先輩から後輩へ経験や知識を継承していくことは必要で、かつ大切であることは否定できない。また、仲間意識の中で日々過ごすことは安心感を得られ、居心地が良いのは自然なことかもしれない。しかし、社会の多様化が進む現在、何よりも大切なことは、出身大学の如何を問わずに、一人ひとりが真に教員としての能力や力量を磨いていく、自分が将来どのような教員となっていくのか、自分自身で考え、その努力を絶えず継続していくことである。そうした中から、社会の変化に対応した多様で柔軟な考えが芽生え、当たり前とされてきた学校文化の改善や見直しにつながっていくのだろうと思う。

学校のマネジメント

これまでも様々な場面で話してきたことである。日々発生する課題により適切に対応するために、学校の管理職が組織管理（マネジメント）の上で心掛けるべき視点は四点あると思う。

その一点目は業務管理の視点で、学校では言うまでもなく日常の授業や学校行事など児童生徒の学習活動の管理がその中心となる。学校組織の基本的な役割であり最も重要な業務である。

二点目は人事管理の視点である。教員一人ひとりが持てる能力を十分に発揮できる職場環境になっているか、適材を適所に配置しているか、人材育成や服務はどうか、指揮命令系統は円滑に行われているか、などである。人事といえばすぐに人事異動や昇任の管理が頭に浮かぶが、そうしたものはその先の話である。

三点目は財務管理の視点、学校の予算管理や施設管理などの把握も学校事務職員や教育委員会事務局職員に委ねるのではなく、管理職自らが関心を持つことが必要である。良好な学習環境や快適な職場環境を確保する上からも校内の財務状況はいつも把握しておく必要がある。

四点目が危機管理である。学校事故など突発的な事案が発生したときに真っ先に迅速かつ的確に対応することは管理職の大きな仕事である。「どうするんだ」と部下に頼り、あるいは部下を叱りつけるのは、その時点で管理職としていかがなものかと思う。事実関係の正確な把握から始まり、関係機関への報告、保護者への説明、子どもたちのへの配慮、報道対応など、日頃から様々なことを頭に思い描き、対応方針を組み立てておくことが大切である。そのためにも日常的に幅広くネットワークを保ち、緊張感を持って仕事に向かう必要がある。ここに管理職の力量が最も現れるように思う。

かつて、「校長室の広さ」に関して考察をしている論文を読んだことがある。なぜ歴代校長の写真が掲載されているか、なぜ個室かといった興味深い内容であった。特に個室である理由は、管理職一般に通用することであるが、組織の上に立つものは、誰もいないところで「何やら遠くにあるもの」を窺うこと、ひとりで静かに考えることがとても大切であるといったことが記されていたことを覚えている。

八　学校を支える事務職員

小中学校事務職員との出会い

小中学校を支える職員は教壇に立つ教員だけではなく、学校に勤務している事務職員も大切な役割を果たしている。例えば、豊山中学校では学校組織を教務部、校務部、事務部に区分し、事務部では事務職員が文書受付等の庶務をはじめ給与、福利厚生等の人事事務、備品や消耗品を管理する管財事務など多種多様な業務を担当している。学校事務職員は学校組織における唯一の総務・財務等に通じている専門職として行政事務の中枢を担っているのである。

県教委に勤務していた昭和から平成時代のことである。その頃の小中学校事務職員は事務改善や勤務条件などで、現在とは質的にも異なる多くの課題を抱えており、その職員団体（組合）との交渉における活発な議論によって、私は多くのことを学ぶことができた。その場は、学校現場の率直な課題を把握できる機会でもあり、大いに勉強することができた。議論しながら課題解決の糸口も見えてくることも多く、手ごたえのある仕事をさせていただいたことを覚えている。

初めて小中学校事務職員に関わる仕事に従事したのは、学校事務職員が県内の公立小中学校全校に配置されて間もない今から四〇年以上も前のことである。県教委で、かつて法制度としてあった市町村教育長の任命承認に関わる業務をはじめ、市町村教育委員会の組織や一般的運営に関する指導助言、行政職員の人事業務等を担当する中で、小中学校事務職員の沿革や課題等を学び、一緒になって解決策を研究し、模索していたことがある。児童生徒数の急増に伴い、事務職員の定数も増え、大学卒業者が小中学校事務職員として採用されてきた昭和五〇年代以降の時代である。

学校事務職員は、学校配置当初には教員の給与や旅費計算、備品の調達など比較的単純な業務を中心としていたが、次第に自らの仕事の見直しと学校における位置付けや社会的地位の向上を目指すようになっていた。学校事務職員の自主研修組織である事務研究会では、職務内容の明確化など学究的な研究活動を続ける一方で、給与事務の手引書作成など学校現場の事務改善に直結する具体的な取組を手掛けるようになっていた。

一方で職員団体は、勤務条件などの処遇改善や社会的あるいは職場内での立場の明確化などを目的とした要望活動を活発化していた。学校事務職員との協議や組合交渉など、お互いに若いだけに熱のこもった議論をした記憶がある。振り返れば、そうした経緯を経て、学校事務職員の研修体系や職務内容の明確化、処遇改善が少しずつ前に進んできたように思う。

平成一四（二〇〇二）年頃のことである。名古屋市を除く県下すべての小中学校約一〇〇〇校に、教員よりも早く学校事務職員用のパソコンが一斉に整備されたことは、学校事務職員のそれまでの努力が結実した目に見える具体的な成果であり、当時の学校事務職員をとりまく課題に対する一つの到達点でもあった。学校事務職員が担当すべきは、給与や旅費の計算業務といった定型業務にとどまらず、学校における行政課題への対応こそ、その中心的業務であることを明確にした出来事であった。

今では懐かしい思い出となったが、パソコン通信費の市町村負担をめぐって某市教育長と大いに議論したことがある。その教育長は熱心に耳を傾け、最後は学校事務職員の職務は給与や旅費などの定型事務よりも行政課題への対応に軸足を置くべきものという考えを理解していただいた。学校事務職員の位置付けとその事務改善について具体的な形で示したいと考えた県教委の思いが通じ、確かな手ごたえを感じた出来事となった。

令和時代となった今、学校事務の開拓時代を牽引してきた団塊の世代は大量に退職をし、学校事務職員とともに事務改善や社会的地位の向上に熱い議論を重ねた時代は、遠い過去の話になってしまったようである。当時の学校事務職員の事務改善に対する前向きで、かつ熱く一途な思いが今の世代にも引き継がれていることを信じている。

「共同学校事務室」が平成二九（二〇一七）年に地教行法に規定されるなど、小中学校事務職員をとりまく課題も時代とともに変化を遂げてきた。小中学校事務職員の位置付けや処遇改善などの課題解決のために、多くの関係者が半世紀以上前にまいた種子が、長い年月をかけて芽を出し、成長し、現在があるように思う。ここに至るまでの経緯を知る学校事務職員が少なくなってきたことを淋しく思うと同時に、これで良かったとも思う。

豊山町内の学校事務職員は、令和元（二〇一九）年度から学校事務の共同処理システムを導入し、諸手当の認定、備品管理のあり方や学校徴収金の改善などを精力的に進めている。近年、教員の働き方改革が盛んに議論されているが、学校に関する行政課題の克服、教員の負担軽減などに直結するものとして、学校事務職員のあり方はもっと脚光を浴びてもよい。学校全般に負担となっている各種行政調査や財務管理など、今後の学校業務全体の見直しを考えた場合、定数措置も含め、学校における唯一の行政職員である学校事務職員のあり方が大きなポイントにならなければいけない。市町村教育委員会事務局職員をはじめ、校長など管理職の立場にある者が学校事務職員の職務内容やその役割について、これまで以上に関心を持ち理解されることを願っている。

学校事務職員制度を振り返る

学校事務職員制度の歴史をさかのぼると、昭和二二（一九四七）年の学校教育法の制定がその始まりである。昭和二三年に全国規模で公立高等学校事務職員の団体「全国公立高等学校事務職員協会」が結成され、昭和二五年に小中学校も含めて「全国公立学校事務職員協会」と改称されている。昭和三二年に本県の公立学校事務職員研究会が発足するが、それまでは小中学校と高等学校の事務職員は一緒に活動をしていた。そして、昭和三五年に愛知県公立小中学校事務職員研究会と名称が変更される。

私が知る限りでは、この頃に県立学校事務職員が勤務条件の確立・改善を目的とした職員団体（組合）と事務改善を目指した事務研究会（事務研）に分化していったのに対して、市町村立小中学校の事務研究会はそれまで小中高校で構成された「公立学校事務職員研究会」の発展的解消とともに分離独立したという歴史があると承知している。

研修のあり方をみると、県立学校事務職員は県職員として県立学校に配置されていることから県の自治研修所で他の行政分野の職員と同一の研修が行われてきた。そのために、県立高校等の県立学校に配属された県職員は、授業料徴収や私費会計処理など県立学校事務特有の事務に適切に対応するため、知識の習得をはじめその改善に至るまで自ら研究をしていく必要があった。

一方で、小中学校事務職員は定数配置の充実に対応して、愛知県では昭和四一年度採用者から独自の採用枠が設けられ、県人事委員会による競争試験が実施されている。こうして昭和五〇年になって、県内全小中学校に学校事務職員が配置されたが、県立学校が複数の事務職員によって事務室が構成されているのに対して、小中学校の多くは一校で一人の配置という環境の中で、事務研究会は実に大きな存在意義があった。事務研究会という自主研修の場で先輩から後輩への指導がなされ、まさに生きた職場研修の場として事務研究会は大きな役割を果たし実績を残してきた。

県立学校と小中学校では、置かれた環境の違いやその沿革が原因ではないかと理解しているが、両者の活動内容は明らかに異なっていた。事務研究会の研究発表会では、県立学校のそれは様々な分野に関する具体的な事務改善の提案や実践の報告が中心となって、その中から実に多くの提案が具体的に実現し、広く普及されている。例えば、会計帳簿のファイルや各種様式が県内全校で統一されることにより人事異動に伴う引継ぎも大幅に合理化されることとなったことがある。

それに対して、小中学校事務職員の研究発表会になると、その多くが学校事務職員の役割や機能に関する研究発表という、ある意味では学問的で理念的な発表・報告が中心テーマとされていた。そうした学術的な探求は、一校一人配置のために、教員が行う研究発表形式の影響を大きく受けてきたためではないか。あるいは自らの立ち位置の確立について、それほどまでに緊急性が高かったのかと当時の私は思っていた。現在もこの傾向は変わらないものの、若手職員の中からは、これまで以上に具体的で実務的な事務改善に積極的に取り組む動きも出てきていると伺っている。

県立学校と市町村立小中学校の学校事務職員がお互いに学びあい、取り入れるものがあるはずではと思い、かつて相互の研究発表会の交流を提案したことがある。愛知県では令和七年度から県立高校において中高一貫校がスタートする予定である。学校事務分野で予想される課題について伺ったことはないが、こうした動きを契機に県立学校と市町村立小中学校の事務研究団体の交流があっても不思議ではないと思う。

そもそも、事務研究会主催の研修が公務出張として認められてきた背景には、職務に密接な関連があり、それが実務に直結しているためであり、官製研修を補う最も実務的な内容を先輩から後輩へ、精通者から初心者へ伝達する貴重な場であったからである。そして、苦労して得た知識や経験とともに、築きあげた地位や職場での立場をしっかりと次の世代に具体的な形で継承していくことも事務研究会の大きな役割であった。

私は、事務研究会が具体的な事務改善の提案を教育委員会や校長会に継続的に行っていくことが学校事務職員の存在感を示すことになり、地位向上にもつながっていくと信じていた。学問的で抽象的な研究発表よりも具体的な形を示す必要がある。小中学校長会や市町村教委へのアピール、学校事務職員にしかできない研究で、しかも日常の業務に役立つ研究をし、具体的な改善提案を校長に示すことが重要だと思っている。日常の自主研修や活動はとりもなおさず学校事務職員の内外の評価に深く関わっていて、それは今後の学校事務職員のあり方にも影響を与えてくる。

変わりゆく学校事務職員

学校事務職員のあり方に関して活発に議論されていた平成時代の初期、県教委内に設置された「研修企画委員会」についても少しだけ記しておきたい。この会議は、学校事務職員、校長、市町村教育長、市町村研修担当課長、そして県教委人事担当が一同に会し、対等の立場で小中学校事務職員の様々な課題に特化して議論した初めての場であった。学校事務職員の諸課題を整理し、解決策を協議したこの会議は、多くの学校事務職員の支持を受け、歓迎された。平成五年にまとめられた報告書には、学校事務職員の処遇や職務内容、研修など幅広く網羅され、議論に参加したすべての関係機関への宿題だと位置付けられた。その内容は、後々の県教委の小中学校事務職員に関する施策の理念・指針として具体化していくこととなる。

近年の小中学校では、学校事務の共同処理システムが定着しつつあり、かつて一人職場と言われた小中学校事務職員のあり方が少しずつ変化してきたように思う。学校間の相互協力や情報伝達、人材育成などは各事務職員や事務研究会の自主性に負うところが大きかったが、現在では、当たり前のように「共同学校事務室」により組織的に行うこととなっている。複数の小中学校について事務職員は兼務発令がなされていて、事務室長が統括する組織になっている。今後、事務処理の効率化をいっそう進めることにより、教員の負担軽減の一翼を担い、さらに学校運営に参画していくことが期待される。

県立学校では、事務改善のために長きにわたって大きな貢献をしてきた事務研究会が平成時代の後期に大きな転換期を迎えた。平成二五（二〇一三）年五月、「愛知県立高等学校事務研究会」と「愛知県立学校事務長会」が統合され、「愛知県立学校事務職員協会」が設立された。

愛知県の県立学校では、平成時代の中頃から県庁における団塊の世代の大量退職をはじめ、職員定数の大幅削減、ジョブローテーション制の導入による知事部局等との人事交流の活発化、パソコンの導入に伴う定型事務の合理化、若年世代の意識の多様化などが一気に進展していた。

その中で、先輩に気を使いながら、わざわざ一同に集まって行う「事務研究会」という自主研修のあり方に対して、若い事務職員の中から疑問の声が出るようになっていた。新規採用を手控えたために若年層が薄くなった反面、役職者の割合が増えたこと、定数削減のために勤務時間中に研修とはいえ学校を離れるゆとりがなくなってきたことなども、そうした傾向に拍車をかけたようである。

先輩から後輩へ、時には厳しく、時には優しく、直接の対面で経験や知識を伝達し、また研修後の楽しい食事会などを通じて、若い事務職員は基礎的な知識とともに協調性や社会人としてのマナーなど大切なものを身に付けていった。学校事務職員は自主的な研修を積み重ねて成長していく、そういう時代があった。

九　町の生涯学習

生涯学習の所管

規模の小さな自治体において、教育委員会の立ち位置を分かりにくくしているものの一つに、近年の生涯学習事業や子ども関連事業がある。「生涯学習」とは何か。「生涯学習審議会」の担当はどこか。規模の小さな組織で教育委員会事務局だとか首長部局だとか、この分野における その所管を区分することにどれほど意味があるのか時として疑問に思うことがある。

法的に想定されている所管とは関わりなく、現場では渾然一体として事務処理がなされている実態があるのではないか。首長部局と教育委員会事務局との間で補助執行や事務委託といった所管調整の法的手続きを踏んだとしても、それは自治体のまさに現場感覚で所管が決定されてきたものであって、特段の検討を踏まえたものではないこともあるのではないか。このことは、受け止める地方自治体の問題というよりも、むしろ想定された仕組みが実態とそぐわないためではないかと考えてしまうことがある。

例えば、「子ども会」は一般的には児童福祉団体と位置付けられるために福祉関係部局で担当していると私は理解していたが、実態は「子どものことは教育委員会の所管」と単純に考えるのが自然のようである。こうした中で豊山町では、令和四（二〇二二）年度から子どもに関する課題に対して一元的に取り組もうという趣旨で「子ども会」の所管が教育委員会事務局から福祉担当部局に改められた。制度的に本来の所管に修正されたことで、国や県の補助制度をはじめ新たな情報をいっそう迅速・的確にキャッチできるなど効率的な事業の展開がより期待できるようになった。

近年、子どもに関する課題は社会全体の課題と密接かつ複雑に関係して、かつての縦割り行政の手法では十分に対応することは極めて困難な状況となっている。令和五年四月に施行された「こども基本法」は子ども施策を総合的に推進することを目的としており、関係行政分野の横断的な施策の実現が期待されている。令和四年度に豊山町に設置された「子ども応援課」のように「子ども」をキーワードとした新たな組織を国や自治体で設置するという動きは、社会の実情や行政現場の感覚を的確に反映していると言える。

学校教育分野における政治的中立性の確保は極めて大切であるが、生涯学習分野においては、文化芸術やスポーツ関連事業が、例えば福祉対策や町の活性化対策などに効果的であれば、教育委員会がこだわり続けて所管するよりも首長部局で担当する方が合理的ではないか、と考える意見がある。

生涯学習を教育委員会が所管する大きな理由は、昭和二四（一九四九）年に施行された社会教育法に市町村教育委員会の事務として社会教育に関する多種多様な事務が規定されたこと、そして平成二（一九九〇）年に施行された「生涯学習の振興のための施策の推進体制等の整備に関する法律」で、生涯学習の振興施策を都道府県の教育委員会の事業としていることなどがあげられる。

同法制定当時の文部省（現文部科学省）は、生涯学習の必要性について次のように説明をしている。すなわち、所得水準の向上や国際化等の社会の変化により、人々の学習意欲の高まりや新たな学習需要が生まれた。これからの社会では、学校教育の上に人々の生涯の各時期における人格形成上、生活や職業上などの諸課題に即して、各人が自発的意思に基づいて必要に応じて、自分に適した手段・方法を自ら選択し、生涯を通じて学習を行うことが必要である。これを「生涯学習」と呼んでいる。

しかし、令和の時代になった現在、社会の成熟化とともに人々の多様な学習への要望が高まり、生涯学習を教育委員会だけで背負い込むのはどうしても無理がある。生涯学習事業は大勢の人が集まることが多く、経済振興、観光振興や町の賑わいづくりなどに直結すること、そして町のインフラ整備などとあわせて取り組めば、「生涯学習の振興によるまちづくり」という発想に自ずとつながることになる。人材や財源の確保が極めて厳しい小さな自治体であればあるほど、そのように考え、実行することが効果的・効率的ではないだろうか。現に平成一九年の地教行法の改正により、図書館や博物館、スポーツ、文化などの所管を条例により首長部局とすることができるようになった。

このように考えると、豊山町の生涯学習推進審議会が町長の諮問機関として位置付けられ、その事務を教育委員会が所管していることは小さな町の知恵なのか、理にかなった先進的な取り組みなのかもしれない。ちなみに、豊山町の生涯学習の指針は「生涯学習のまちづくり基本構想・基本計画」となっている。

生涯学習の可能性

生涯学習の定義を端的に一言で表現することはなかなか難しい。豊山町では生涯学習とは、子どもから大人まで将来にわたって充実した生活が送れるよう、必要な知識や技術の習得、また、趣味や文化活動、スポーツ、レクリエーションなど目的に応じて、いつでも、どこでも生涯を通して主体的に続ける学習活動のことをいうとしている。そして、その施策の方向性を定めるものとして「生涯学習のまちづくり基本構想・基本計画」を策定している。

私が教育長として赴任した当初から興味を持ったのは、前述した通り、豊山町では生涯学習推進計画を個人の学習活動の領域に留めず、あえて「まちづくり」という冠を付けた基本構想・基本計画としている点である。基本施策の諮問を町長から受け、「生涯学習のまちづくり」としていることに生涯学習行政の守備範囲の広さとこの町の施策としての特徴がある。

思うに、生涯学習は基本的には個人の学習であるが、その個人が自らの学習成果を指導者となって還元し、あるいは共に学ぶ仲間づくりをすることにより、そこには自然発生的に新たなコミュニティが生まれる可能性を持っている。こうした自主的な活動は結果的にその地域の自治能力を高め、ひいては自治会などのコミュニティ組織の結束を強化する有力な機会ともなる。こう考えると、豊山町が「生涯学習のまちづくり」としたことは、実はまちづくりの土台のひとつを生涯学習に期待したものととらえることもできる。

この考えのもとにいくつかの事業に取り組んできたが、最も象徴的なものは「豊山ウィンドオーケストラ」の立ち上げであった。町内に唯一ある豊山中学校は吹奏楽部の活動が活発で、部員は毎年六〇人ほどの規模となっている。町民体育大会など町内の大きなイベントや少年野球（イチロー杯）の表彰式で演奏するなど、発表の場も多く提供していただいてきた。しかし、中学校を卒業すると同時に音楽そのものをやめてしまう生徒も多く、私はそのことが気にかかっていた。若い時に学んだ文化芸術に関する知識や技術、感性は一生の財産となり、それは長い人生の中で必ずや自分の支えになり、精神的な豊かさにもつながるものと信じている。

一方で、町内の文化協会に所属する文化系団体が参加者の高齢化等を理由として少しずつ消滅する様子も目の当たりにしていた。豊山町の自治会加入率も低下傾向にあり、町としても加入促進の取り組みをしている状況が続いている。コロナ禍で多くの文化活動が制約を受け、文化団体加入者の高齢化に加えて組織の縮小傾向が加速化していたのである。コロナ感染症の収束が見えない中で「新しい文化の担い手、仕組みづくりはこうした時こそ考える必要がある。このまま放置すれば、地域での住民交流の場はますます消滅の道を歩むこととなる」と懸念していた。

こうした町内の現状を見ていた時、ある自治体の文化施設にあった吹奏楽団のポスターが目に留まり、参加者や運営方法などを調べているうちに、次第に豊山町でも設置できるのではないかと思うようになった。組織を立ち上げるには、ヒト、モノ、カネが必要であるが、多くの皆さんに声かけをするなど、何もない中で模索をしているうちにカネ以外は集まる見通しが立った。会員の参加費用に頼るうちに寄付の申し出をしてくださる方も現れるようになり、また、「ふるさと納税」の制度を利用したところ、遠くの地からも楽器の寄付が相次いであった。楽器のほとんどは会員の持ち物であるが、寄付していただいた楽器とあわせて、何とか吹奏楽団としての形を成すことができた。

令和三（二〇二一）年八月七日、町民等による任意の民間団体「豊山ウィンドオーケストラ」が産声を上げた。音楽を通じて、豊山町の文化芸術の振興を図り、豊かな心を育むまちづくりと地域の活性化、そして地域の担い手を育成することを目的として活動することとなった。団には、中学生から七〇歳を超える方までが参加するなど、世代間交流が自然な形で実現できた。音楽は、演奏を楽しむ側、聴く側、支援する側などすそ野は広く、町の活性化やコミュニティづくりにも少なからず影響を与えていくのではないかと期待が寄せられた。

豊山ウィンドオーケストラ　第1回定期演奏会

コロナ禍で初公開となる演奏会は延期されていたが、そのお陰で初演は令和四年四月二四日の豊山町町制施行五〇周年記念式典の場となったことは、結果的にこの団体のデビューにふさわしかったと感慨深いものがある。初の曲目も「Departure（出発）」でありウェルカムコンサートとアトラクションの二回の出番をいただいた。式典来賓の大村秀章愛知県知事をはじめ町内外の三〇〇人を超える大勢の参加者から拍手喝采を浴びる様子を目にした時、ここに至るまでの経緯が頭をよぎり、年甲斐もなく胸にこみあげてくるものがあった。

音楽を通してまちづくりを支援できないか、町の活性化、地域コミュニティの活性化のお手伝いはできないか、世代間交流の機会を作ることはできないかなど、欲張った希望を抱いて町のオーケストラ設置についておぼろげながら構想を描いてから三年が経過していた。様々な心配を吹き飛ばす見事なデビューであった。

近隣市町の類似団体などの状況を研究することから始め、立ち上げのための課題を一つ一つ地道に解決をしていったのは、担当職員の粘り強い努力の賜物である。構想から実現までの様々な取り組みは、生涯学習行政の可能性を示唆する一つのモデルケースになったと言っても過言ではない。何よりも幸運であったのは、町内小学校長を退職された方に音楽の専門知識を活かして指揮と全体指導を引き受けていただいたこと、また、地元からは経験豊富な町民の方が団長に就任していただいたことなど、まさに人を得たことである。町制施行五〇周年という「時」と潜在的に音楽を渇望していた「地域」、そして「人」を得て、本当に恵まれたスタートを切ることができた。

コロナ禍で文化活動が制約されていた最中の取り組みであったため、一部には感染症の予防上、心配をされる声もあったことは承知している。豊山ウィンドオーケストラの誕生は、そうした空気を一掃するだけのインパクトがあった。成長していくために乗り越えなければならない課題など心配の種は尽きないが、今後の飛躍を大いに期待したい。

「生涯学習」の持つ力が、個人個人の生きがいや成長に関わってくることは誰もが理解できることである。豊山ウィンドオーケストラのこれまでの経緯とこれからの活動への期待を考えると、まさに「生涯学習」が持つ「まちづくり推進」への力と思えるのである。その手ごたえは十分にある。

令和四年六月二六日、豊山町社会教育センターで第一回定期演奏会が開催され、三〇〇人を超える観客がその演奏を堪能した。この時点でオーケストラの団員数は六〇名近くになり、舞台も客席も久しぶりに人であふれた。

美術館・博物館

県教委に勤務していた時に、長く公益法人の許認可事務に携わっていたことがある。民間人あるいは企業が不特定多数を対象とした公益事業を展開するために、社団法人や財団法人を設立して事業運営をする手法がある。現在は、民間活力の活用ということなどから許認可の規制も緩やかになり、その制度もずいぶん変わってきたようである。

教育に関係する公益法人の設立目的を時代の移り変わりとともに概観してみると興味深い傾向がわかる。戦後間もない頃は、いわゆる苦学生の学費援助を目的とした「育英奨学財団」が多く設立され、その後、社会のグローバル化に伴い外国人留学生を対象とした「国際奨学財団」の設立へとその傾向が変わっていく。中国をはじめ東南アジアなどから日本の大学で様々なことを学ぼうと多くの留学生が訪れていた時代であった。日本の学生の間では、経済成長とともに「苦学生」という言葉はほとんど消えてしまい、アルバイトをすれば簡単に学費や生活費が手に入る時代になっていた。外国からの留学生は本国との物価の違いもあって本当に苦労しながら日本で学んでいたようだ。中国からの留学生も多くいて、彼らは生活費を切り詰めて研究を続けていた。

昭和から平成時代にかけて社会が成熟化するにつれ、地方自治体は文化芸術に関する施設やスポーツ施設を多く建設するようになった。同時期に「育英奨学財団」から私設博物館や美術館を管理運営する「文化芸術」系の財団法人が増加し、また、いわゆるハコモノと言われる公立文化センターやスポーツ施設を管理運営する地方自治体の外郭団体といわれる財団法人が多数設置されるようになった。高度経済成長から安定成長に移行し、人々が自らの趣味やスポーツ、レクリエーションに時間を費やすゆとりができてきた時代と一致する。

戦後、成功を遂げた企業家がそれまでに収集された貴重な絵画等の美術品の散逸を防ぐとともに、一般の人々に公開したいという気持ちから美術館を管理運営する財団法人がいくつも設立されるようになった。活動区域を県内に限れば、県教委の許認可で設立が可能であったため、多くの設立相談が県教委にあった。

当時、公益法人の設立許可基準のひとつに、公益事業の対象を特定の人物や団体に限定することなく不特定多数とすることがあげられていた。博物館や美術館を設置する公益法人の場合には、公益性をさらに担保するために、愛知県では施設の整備基準を博物館法の博物館登録基準に合致させることとしていた。これは個人のコレクションを公開する程度では公益性が薄いという考え方に基づいているが、例えば、施設内に収蔵庫など所要の施設を整備することをはじめ、学芸員の配置も義務付けられているため、ハード・ソフト両面で民間人や企業にとっては高いハードルであったにちがいない。今、振り返れば貴重な美術資料の散逸を防ぎ、適切に保存、活用などをするためにはやむを得ない設置基準であったと思う。

何らかの形で公益法人の設立許可に関わった思い出に残る美術館はいくつかあるが、名古屋ボストン美術館のように残念ながら閉館をしてしまったものもある。名古屋ボストン美術館は、名前は美術館ではあるが収蔵庫の整備計画など博物館登録基準を満たす内容ではなかったことから教育委員会所管の博物館管理運営法人にはできなかった。しかし、国際芸術文化交流の観点から知事所管の財団法人として、その管理運営団体の設立が許可されていた。

消えてしまった美術館のうち、特に心に残っているものの一つに、令和三（二〇二一）年に閉館した「杉本美術館」がある。杉本健吉画伯の画業を伝えるために、およそ七〇〇〇点の作品を所蔵する美術館である。杉本画伯は、名古屋市営地下鉄のロゴマークや名鉄タクシーのデザインなどを手掛けてきたほか、吉川英治作「新・平家物語」の挿絵も担当したことでも知られている。私もファンのひとりで、特に奈良の寺社や街並みを題材にした油絵や木炭画は飽きることなく何度も鑑賞をしている。

同美術館の閉館理由は、運営を支えてきた企業の経営上の判断と報道されているが、公益性の高い美術館を一企業だけで支えることは、極めて困難であろうと推察する。閉館が近くなった日、愛知県美浜町にある美術館を訪ねると、設立時から長年にわたって務めてこられた学芸員の方とお会いすることができた。私のことを覚えていていただいたことも嬉しかったが、三〇年以上にわたって一筋に貢献されてきたお姿に感動を覚えた。地域の文化芸術はこうした一人ひとりの地道な努力に支えられていることを改めて痛感する。令和三年九月一八日の中日新聞の社説には、同美術館の閉館について「あまりに惜しい幕引き」として掲載されていた。

公益法人の許認可事務を担当する中で、博物館登録にも関わることができた経験はその後の私の仕事にとっても大いに役立つこととなった。愛知芸術文化センター勤務の際もそうであったが、その後赴任した名古屋空港ビルディングでは「あいち航空ミュージアム」の立ち上げに民間人の立場から関わることができた。同ミュージアムを管理運営する指定管理者、しかも申請者の立場ではあったが、それまでにも数こそ少ないものの国内をはじめ欧米、中国など外国の美術館・博物館を私なりに見てきた経験もあわせて仕事に活かすことができた。

郷土資料室のリニューアル

名古屋空港ビルディングに勤務していたときから、時々目にする豊山町の社会教育センター内の郷土資料室がずいぶん気になっていた。豊山町が豊かな農耕社会であった時代を彷彿とさせる貴重な民具や写真が、失礼ながら、倉庫然とした中に収められていたのである。

豊山町の歴史は古く、町内の青山神明遺跡では弥生時代から江戸時代にかけての溝跡や土坑などの遺構、陶器・磁器などの出土遺物が確認されている。また、山岡荘八の長編小説『徳川家康』では小牧・長久手の戦いの際に、家康が約九千の兵を率いて豊山町の「青山、豊場」を通過したことが記されている。具体的な行程は不明であるが、現在愛知県が整備している広域防災拠点施設周辺の風景をあの家康が見ていたかもしれないのである。豊山町には多くの社寺が現存していて、かつては町内から名古屋城天守閣も見ることができた。この地域が交通・産業の要衝の地であったと考えられても不思議ではない。

郷土資料室のリニューアル
（豊山町社会教育センター）

こうしたことから教育長就任以後、機会が

あればいつか整備したいと思っていたところ、町制施行五〇周年の記念事業の一環として郷土資料室リニューアルのための予算が認められた。まずは、保存されている資料の台帳整理を行い、専門事業者とも相談しながら、五〇周年記念事業にふさわしい、飛行場がこの地にできた時期から高度経済成長期までの町の発展を刻む資料を中心として展示することとした。コンセプトは「体感。昭和レトロ」である。展示面積は本当に狭いものの、高齢者にはこれまでの郷土の発展を振り返り懐かしんでいただき、子どもたちや若い人たちには豊山町の歩みを楽しみながら知っていただく施設となっている。今後は、弥生時代の土器などの新たな展示をはじめ、戦時中の資料を特集した企画などが継続して実施できればと考えている。

郷土資料室のリニューアルは、そこに至るまでの手法も含めて、これまでの私の経験を多少なりとも活かすことができた感慨深い仕事であった。教育目的に限定されることなく高齢者福祉の面でも役立つなど、歴史の継承と地域の活力向上の一助になることを願っている。

少しずつ年を重ねる中で、若い時には予想もしなかった仕事に巡り合うことが多くある。過去の経験のどれもが肥やしとなり、その後の仕事につながっていくことを学んだ次第である。

部活動の地域移行

令和四年度になって、スポーツ庁と文化庁から部活動の地域移行に関する考え方が示された。

関係部分を要約すれば、生徒数の減少と教員の働き方改革を理由として中学校の部活動を休日に限り実施主体を学校から地域に移行させるということである。当初は、令和五年度から三年間を改革集中期間としていたが、後になって、自治体の事情に応じて移行時期を柔軟に検討してもよいと見直しがあった。

部活動については、あえて言うまでもなく、生徒が日常的にスポーツ・文化に親しむ機会の確保や自主的で主体的な活動を通じた責任感・連帯感の涵養や自主性の育成、学年を越えた人間関係の構築、自己肯定感の向上、問題行動の抑制など実に多くの教育的な意義を果たしてきた。また、財政的な側面をみれば、教員が指導者となり学校施設で学校備品を使用してきたことなどにより、物的・人的・経費的に学校や教員が多くを背負い、保護者等の負担を一定程度抑制してきたのも事実である。

長く続いたこのシステムを短期間で見直すことは至難の業であり、少しずつできることから変えていくしかないのが現実であろう。数多い課題の中で、私は部活動に要する保護者負担のあり方とそれに伴う生徒の学習体験格差について最も懸念している。公立中学校の生徒がこれまで教育活動の一環として享受してきた部活動を学校から切り離すことは、たとえ休日だけだとしてもどれほど保護者の負担増となるか見当がつかない。これまで学校や教員が担ってきた指導者としての人件費、施設の使用料、用具の移送や保管に係る費用等の財源を公的に支援しない限り、中学生段階で地域間や家庭間などでスポーツや文化の体験格差が生じる可能性が極めて高いと考えている。国や県レベルでの補助制度などが整備されれば地域移行への大きな支援となるだろう。

部活動の地域移行について、基本的なところで私にはよくわからないところがある。一つは、受け皿となる「地域」とは一体何を指すのだろうか。豊山町で言えば、スポーツ少年団や体育協会、文化協会などの既存の各種団体のことなのだろうか。学校以外の企業も含めた民間委託と理解すればよいと言い切る専門家もいる。学校以外であれば、首長部局や教育委員会など役所が受け皿となってもやはり「地域」なのだろうか。市町村の事情によって「地域」の内容が大きく異なることは明らかである。

広い意味で、地域移行を子どもの居場所づくりととらえるならば、まさに公共事業として位置付けるべきであり、これまでの部活動の教育的な意義をしっかりと吟味しないままに、地域の団体や民間企業に「業務委託」を進めるのは、いささか拙速の感がするのである。部活動の地域移行の目的が、児童生徒数の減少と教員の働き方改革への対応ということであるが、「地域の事情」に委ねた「地域まかせ」の提案ではなく、国として施策や財源について明確な打ち出しがほしいと率直に思う。

部活動の教育的な意義について、とりわけ学校教育の視点での議論について国の姿勢にやや疑問も抱いている。部活動については、令和二（二〇二〇）年九月に「学校の働き方改革を踏まえた部活動改革について」という事務連絡がスポーツ庁、文化庁及び文部科学省初等中等教育局の関係課室名で各都道府県教育委員会等に送付されている。その後、令和四年度になり文科省の外局であるスポーツ庁と文化庁が相次いで部活動の「地域移行」に関する提言を発出している。このことは、生涯学習や中等教育の施策に関わる総合教育政策局や初等中等教育局は、文部科学省の外局に部活動の地域移行の取り組みや考え方の整理を委ねたということだろうか。

課題はいくつもあるが、いずれも乗り越えることが困難なものばかりである。例えば、部活動の受け皿となる地域団体と中学校の連携のあり方があり、地域の実情に応じて多種多様な組み合わせや支援策が考えられるだろう。また、教員に替わる指導者の量的・質的な確保も難しい課題である。休日に限定する時間枠の中で特定のスポーツ・文化の指導者として持続的に引き受けていただける人材はどれほどいるのか。さらに、学校施設も含めた活動施設の確保も必要である。従来からの学校開放や一般の人たちが使用する社会教育施設との利用調整も一筋縄ではない。こうした内容の複雑・困難性から受け手となる個々の市町村教育委員会だけでは解決の糸口さえ見つけることも極めて困難な課題であると受け止めている。

豊山町では、部活動の地域移行を生涯学習体系の再編、子どもの居場所づくり、そして、まちづくりの一環ととらえ、令和四年八月に町の生涯学習推進審議会に対し、町長から諮問を受け、中学生の休日におけるスポーツ・文化活動の機会の確保について協議を開始した。町長からの諮問という形式をとることにより、町という地域全体の課題として取り組む姿勢が明確になるのではと期待している。

とにもかくにも、町として具体的に対応をしていく課題である。悲観論ばかりでなく、幸いにも豊山町には部活動を円滑に地域に移行できる下地がいくつかある。少年野球などで長年の実績を持つ豊山スポーツ少年団や世代間交流をひとつの目的として令和三年に立ち上がった豊山ウィンドオーケストラ、そして、令和三年四月に設置した豊山町版「総合型地域スポーツ・文化クラブ」などは、部活動の受け皿として大いに期待しているところである。豊山町に限らず、地域には団体や施設など潜在的な教育機能がまだまだ存在しているのではないかと思う。部活動の地域移行は、こうした地域の教育能力を発掘し、町の活性化や新たな町づくりにつなげられる可能性もあるように思う。

ところで、「総合型地域スポーツ・文化クラブ」は、いつでも、どこでも、だれでもスポーツや文化に親しみ、楽しみ、支えあう活動に参画できる環境づくりを目的としたものである。実績のある町体育協会、町文化協会、スポーツ少年団などの民間団体と町の生涯学習事業がお互いのアイデンティティを重んじながらも連携し、やがて子どもたちの居場所づくりになるように取り組んでいく必要がある。緩やかな連携が少しずつでも強化され、いつかしっかりとした基盤ができて、豊山町版「総合型地域スポーツ・文化クラブ」が目に見える具体的な組織になることを願っている。

今後、部活動の地域移行がどのように推移していくのか予測することは難しい。全国一七〇〇余の自治体の数だけ、その実情に応じて取り組み方法や内容があるようにも思う。この課題は、中学校の部活動に長い歴史があるように、時間をかけて常に現在完了進行形の状態で継続的に進められていくべき性格のものと思う。

一〇　大切にしてきたもの

心に残る言葉

山に登る

長年、好きな言葉がある。「山に登った人でなければ平野は見えない」。語源も出典もわからないが、書物か新聞で拝見して以来、とても気に入っている。当初は、単純に組織の中で上に昇れば全体を見渡すことができるのだろうというくらいに理解していたが、よくよく考えてみると、どのような立場にあろうと〝山に登る〟機会は常にあるということに気がついた。

確かに、たくさんの山に登った人はたくさんの平野を見ている。高い山に登った人はそれだけ広く多くの平野を俯瞰できる。たとえが適切ではないかもしれないが、県教委や校長会で要職を務めた方が学校現場で優れた成果をあげることが多いのは、もともと資質があったことに加え、ある面で学校現場を俯瞰できる高い山に登り、広く高い視点から多種多様な体験をし、その経験を学校現場で活かしていることがあるからだと思う。学校で発生する様々な事案を大所高所の視点から客観的に冷静に見る目が、いつのまにか身についているのである。

日常生活の中にも山は存在する。私たちは、日常の勤務の中で様々な困難な場面に遭遇し、自分ではとても克服できないと思った課題に直面した時、上司や同僚の支えを借りながらも何とか乗り切った経験はどなたもあろうかと思う。その時にひとつの山を登ったのであり、今まで見えなかった風景が見えてきたはずである。次に同じような課題が身の回りに起こったとしても、すでに見たことのある情景に対して、かつてのような負担を感じることなく対応できるはずである。こうして組織の上だけではなくとも、いくつも山を登ることによって、見えてくる平野はどんどん広がってくる、やがてもっともっと高い山にも登ることもできるようになる。

そういえば、書物の中にもたくさんの山がある。私たちが一生の中で出会う人々や実際に体験できることなどは、当然ながら極めて限定される。しかし、それを補う手段として読書をすることは最も効果的だと思う。歴史上の人物や出来事から、また、異分野の人たちが書かれた書物などからも、自ら体験できないことをいくつも体験できる。

若いうちから多くの本を読み、多くの人と出会い、多くの地を訪れ、多くの経験をすることは、人間の成長にとって大切なことだと思う。見えていなかったものが必ず見えてきて、複雑困難なことと思われた課題が案外たやすく、そうだったのかと思う瞬間がある。

最近、若い人の読解力不足を指摘されている研究者のお話を聴く機会があった。国語の力だけでなく、数学や理科など理数系の出題文を正確に読み込めない児童生徒が増えているとのことである。スマホなどの普及と相まって若い人が新聞や本を以前のように読まないようになったと聞くが、こうした傾向と関係があるのではないかと思う。読解力の不足が論理的な思考力の低下にもつながることを懸念する。こうした状況は、やがて科学や文化の発展にも影を落とすと考えるのはいささか大げさであろうか。

来事可追

「らいじはおうべし」と読む。愛知県庁を定年退職するときに、私が尊敬し勝手に師と仰ぐ方から、はなむけに贈られた言葉である。類語に「来者可追」(出典は「論語」)がある。その意味は、過ぎたことをとやかく考えるよりもこれから先に出会うことを大切にし前向きに生きること、と自己流に解釈している。

定年退職をしていつの間にか十年が経過した。この間、何度もこの言葉に励まされ、叱咤激励を受けてきた。まさに座右の銘である。

言葉というのは生き物のようで、受け手自身の立場や年齢によってその意味するところの重心を自由に変えてしまうようだ。定年退職時には確かに現役中に遭遇した多くの出来事や巡り合った人たちとの思い出が頭をよぎり、良いこともそうでない思い出も渾然一体としてあれこれ考えたものである。そして自らの処遇にある種の不満をいだき、あるいは遠い過去の仕事を悔い、一方で達成感や充実感はあるものの不完全燃焼の感じもふつふつと残っている。そうした時に教えていただいたこの言葉は、いろいろあったが、ともかくもこれまでの生活を一度リセットして新しい生活の中で出会う人や出来事に素直に向き合っていこうという静かな励ましの意味を持っていた。

第二の人生が始まってみると、仕事を与えられている以上、予想を超えた様々な難問にぶつかることとなるが、この言葉は別の意味を持って私に語りかける。過去の経歴、経験など自慢話の部類に入るささいな「お手柄」などはほとんど大きな意味は持たず、今をどうするか、これからをどうするかが大切であることを教えてくれる。常に前へ進めという強いメッセージを送ってくれるのである。

培った経験や知識は活用するにこしたことはないが、こだわりすぎるのも判断を誤らせる一因となる。過去を振り返るのは大切ではあるが、この言葉はこれからをどうするか、しっかりと考えろと私を応援してくれる。

少しばかり蛇足になるが、「来事可追」と対になって大切にし、春になると必ず思い出しては感慨にふける俳句がある。それは「さまざまのこと　おもひ出す　桜かな」という芭蕉の句である。この句は、二十年以上前に私の父が桜の咲くのを待たずに旅立った際に出会ったものだ。喜怒哀楽など人の感情は何ら表現されていないが、春を迎えて静かに来し方を振り返る人間の様々な思いや日常の営みさえも心に浮かんでくる俳句だと受け止めている。「来事可追」と相通じるのは、過去に思いをはせる一方で春という心が浮き立つ季節に後押しされて人々が自然に勇気づけられ、また新たな一歩を歩んでみようとする気にさせられる点であろうか。

この父と苦楽を共にした母がやはり桜の開花には程遠い、寒い冬の季節に九五歳で亡くなった。島での生活に最後までこだわり続け、私が帰省する際には「無理して来なくともよい」と言いながら、日帰りとわかると一瞬だけではあるが顔が曇る。何か土産に持たせるものはないかと不自由な足を引きずり冷蔵庫の海産物を探る。とにかく何か息子に渡そうと枯れた手のひらでテーブルの上の駄菓子をつかむ。母のその姿に思わず手を合わさずにはいられなかった。いくつになっても親は親であり、息子は息子である。年老いてもなお我が子への変わらぬ気持ちを持ち続けていたことに、ただただ感謝するばかりである。

心に残る言葉というのは、時として人生の道標となって自らを励まし、時として二度と帰ることのない過ぎた日の出来事を思い出させてくれる。

ゆでガエル

この言葉は、若い時に危機管理の例えとして上司から教わった言葉である。心に残る言葉というよりも現在の教育や学校が置かれている状況を教育行政の現場で実感する中で、ぜひとも気に留めていただきたい言葉として取り上げることとした。

容器にある水の中にカエルを入れると、水が冷たいうちは元気に泳ぐが、容器を徐々に温め続けると、水温が一定の温度に達した時点で突然カエルは死んでしまうという。熱湯の中には初めからカエルは入らないが、冷たい水が少しずつ温められると、カエルは命に危険が及ぶまでその変化に気がつかないらしい。

人間も同様に、状況の変化が緩やかに時間をかけ、目に見えない形で進行する場合に、致命的な領域に至るまで察知できないということである。

その言葉が最近になってとみに思い出される。それは、教育委員会制度が少しずつ曲がり角に差し掛かってきたのではないかという空気である。前述した通り、地教行法の改正により総合教育会議が設置された頃から、教育委員会制度が目指してきた趣旨が徐々にその方向を変えつつあると薄々感じているのは私だけではないように思う。

たしかに、住民の選挙によって選ばれた首長が教育施策に自由に口出しできないことは不自然であり、保護者や住民の立場からすれば要望や意見を首長から学校などに直接伝えたい気持ちは理解できる。こうした風潮は、次第に強まっているように思う。また、このようになった一因として、教育委員会制度がわかりにくく、融通が利かない面もあるのも事実だろう。総合教育会議が設置された背景には、こうした諸々の考え方もあったのではと思う。

そこへ新型コロナ感染症の拡大により、全国一斉の学校臨時休業の要請が国からあり、学校現場で議論をする時間的余地、あるいは科学的な根拠となる情報などは、事実上ほとんどない中で市町村教委や学校は要請を受けざるを得なかった出来事が発生した。こんなことができてしまうのか、それほど緊急性のある事態なのかと驚くばかりの状況であったことを覚えている。

その後の状況は、これまでに記した通りであるが、国や県から打ち出される一連のコロナ対策にその都度、懸命に取り組むうちにふと感じたことがある。理屈っぽい私の思い違いであることを願っているが、戦後の教育委員会制度の大きな柱である教育の政治的中立性、安定性や継続性の確保、平等性、機会の均等など大切に育んできた理念が、いつの間にかなし崩しにされているのではないかという不安である。こうした理念は、相互に関連性を持ち通底しているのであるが、こうした状況の中でとりわけ地域間格差、学校間格差、そして家庭間格差が義務教育の現場でシミのように広がっているのではないかという懸念がある。

加えて、近年の物価高騰により、自治体間の財政力格差がますます顕著になり、結果的に教育における経済格差がストレートに義務教育の現場を直撃している例がある。しかも、多くは首長が自治体全体の財政状況などを総合的に判断するために、学校現場では手をこまねくしかない状況が生じるのである。もちろん、教育委員会は予算獲得のために考えられる限りの手段を試みるのではあるが。

地域間格差の最もわかりやすい例として学校給食の保護者負担のあり方があげられる。主に生活支援の観点から給食費の無償化や公費負担の拡大に踏み切る自治体もあれば、一方で受益者負担の原則から、給食材料費は学校給食法の規定に基づく文科省の指導どおり保護者負担として、物価高騰分を給食費の値上げにより対応しようとする自治体もある。義務教育であれば、どの自治体でもまずは格差の生じないように国や県は何らかの対策を講じるべきと単純に考えてしまうが、現実はそうではないらしい。

教育の地域間格差の拡大は、やがては家庭間格差につながっていく。どこで生まれてもどこで育っても等しく教育が受けられるように、長く義務教育の機会均等や教育水準の平等性・公平性を理念としてきたわが国の教育が深く静かに壊れようとしているのではないか。他方で学校や公教育に対する考え方も多様化してきた現実がある。こうした様々な状況は、かつて日本の経済成長を支えてきたごく普通の人々が義務教育により人として当たり前に備えてきた力にほころびを生じさせてしまうのではないか。それは、時間をかけて日本人全体の国民力の低下という取り返しのつかない状況を招くような気がしてならない。どうか私だけの勘違いであってほしい。

母校への思い

平成三一年三月に私の母校、愛知県立半田高校の百周年記念誌が刊行された。編纂作業に三年半を要したこの事業に私も参加させていただいた。私にとっては、母校の歴史編纂に関わることの誇り、伝統や歴史をつないでいくことの使命感を感じつつも、後世に残すことに対する責任、残すべき資料や情報の選別の難しさ、限られた時間と紙幅等を考えると極めて困難な作業であった。しかし、乏しいながらもこれまで仕事で培った経験や知識をこうした場面で活かすことができ、また、母校への恩返しをする機会をいただいたことに感謝するばかりであった。

この百年誌編纂作業は、長く教育行政に従事した私の中では私自身のいわば卒業論文にしたいという気持ちも込めて取り組んでいた。そして、ひとつの高等学校の歴史とはいうものの、日本の教育史や地域の出来事も織り込み、歴史性に加え物語性も考慮しながら編纂作業を進めることとした。

半田高校の校内誌『柊陵』第六二号（平成三一年）にその思いを掲載していただく機会を得た際には、現役の高校生に向けて私的な思いをありのまま記すこととした。小さな町の教育長の雑感をまとめた拙文の最後に、高校時代に芽吹いた私自身の教育観も含めて記したその要約を紹介させていただくこととする。

半田高校の一世紀を振り返ると、卒業生三万五千名余のすべてが必ずしも恵まれた環境ばかりで学校生活を送ったわけではない。働きながら学ぶ、親元を離れ寄宿舎や下宿生活をしながら学ぶ、学費を支える家族が家計をやりくりする中で学ぶ、そうした様々な境遇を自らの起爆剤に変えて逞しく巣立っていった多くの卒業生がいる。しかし、それ以上に語り継ぐべきは、かけがえのない青春を悲惨な戦争に翻弄されたり、地震や台風などの大災害に遭遇するなど、不本意にも十分な教育を受けることができなかった時代があったこと、そして、そうした苦難の時代を地域や生徒、教職員が一丸となって乗り越えてきたという歴史があったということである。

学問の自由が保障され、平和で穏やかな社会は当たり前にあるのではなく、そこに生きる人々、生きてきた人々の不断の努力の中から築かれてきたものであることをひとつの学校の歴史から学びとることができる。現在の恵まれた学習環境が当然のごとく整備されたものではないことを知ってほしいのである。

先人の努力に対して感謝の強制をするものでは決してないが、母校の長い歴史の中で実際にあった出来事を謙虚な気持ちで知っておくことはとても大切なことだと思う。

伝えたい出来事は数多くあったが、その一例として次のような出来事を『百年誌』に掲載することとした。

昭和二二年に教育基本法と学校教育法が公布され、新しい教育制度がスタートした頃の様子を記した手記である。そこには「渇いた旅人が水を求めるように活字をむさぼり、自由に語り、三つ編みの髪を切り、モンペをスカートに変えた。自由とは、かくも伸びやかなものかと、滔滔たる未来を夢みて倦むことのなかった日々—それはまさしく青春の門出といえた」と記されている。まるで当時の女子生徒の息遣いまで聞こえてきそうではないか。

また、一五歳で遠く親元を離れ、昼間定時制で働きながら学んだ女子生徒は「郷里を出発する際、わたしは会社に勤務しながら四年間どんなことがあろうと、くじけず頑張ると母に誓ってきた」と文集に記し、寸暇を惜しんで懸命な努力を重ね仕事と勉強を両立させた。故郷から送り出す親御さんらの願いはいかばかりであったか。地元企業の衰退に伴い、昼間定時制はやむなく閉課程に至るのだが、生徒や教職員の皆さんのお気持ちは察するに余りある。編集しながらも、特に夜間・昼間定時制に学んだ生徒に関する資料を手に取ると、思わず目頭が熱くなることがあった。

昭和三四年の伊勢湾台風来襲の際、夜を徹して学校を守った当時の校長の姿も記録に残っている。その被害は甚大で、半田市内に居住されていた職員や生徒にも痛ましい犠牲が出る中、校舎は見るも無残な惨状となり学校は臨時休業、生徒は炊き出しや土嚢運搬作業などの復旧作業に従事した。伊勢湾台風を契機に災害対策基本法が制定されたことからも、いかにこの台風が未曾有のものであったかがわかる。

『百年誌』の最終章に「伝統とはゆるぎない本質を大切にしつつ先人の努力を振り返り、深く学び、新しい変化に柔軟に対応していく過程で築き上げられていくものである。」と記した。編纂作業をする中で、学校の歴史を作るのは実は大きな出来事ばかりからではなく、例え些細なものであっても一人ひとりの地道な努力がいつしか校風を形成し、年月を重ねる中で成熟し風格となってきたのだろうということを改めて学ぶこととなった。

懸命に過ごした時間はその時には見えていなくとも、年月が過ぎ、自らも年を重ねる中で「ああ、そうだったのか」と見えてくるものが確かにある。現役の高校生諸君が青春を謳歌する一方で、失敗を恐れず、自分の才能を信じて奮闘されんことを祈っている。今流す汗は今後の糧、悩み苦しむことは大きく育つための肥やしであり、かけがえのない友人との出会いは一生の宝物となる。一日一日を大切に過ごしていただきたいと思う。

いつの時代にあっても、未来を担う若者たちが自由に伸び伸びと学ぶことができる社会であり続けてほしい。

あとがき

愛知県で一番小さな町の教育長就任のお話をいただいた時に、考えなければならないことがたくさんあった。自分自身のその後の人生設計を軌道修正しなければならないことは当然としても、賞味期限の切れた自分の知識や経験が、果たしてどの程度、豊山町のお役に立つのか、特にその一点は考える必要があった。

年を重ねた今、一度「終わった人」となった自分が特段の評価を新たにいただこうという欲得は就任当初からほとんどなく、むしろ、役場の若い職員が私のお粗末な経験や知識から少しでも吸収していただけるものがあれば、後々の仕事に活かしてもらいたいという気持ちの方がはるかに強かったことを覚えている。

役場内にあって、私の存在を煙たく感じたり、疎んじたりする職員が存在していても少しも不思議ではない。愛知県庁勤務の頃、市町村の職員の皆さんから手厳しいご意見をいただいた経験は何度もあり、町職員のそうした姿勢は容易に理解できる。私自身も文部科学省をはじめ国の職員に対して様々な意見や要望を幾度も申し上げてきた経験がある。

こうしたことをあれこれと思いながら再び公職に就いたものの、予想外の出来事はいくつもあった。就任当初は、私を成長させてくれた地方の教育行政に対して、少しでも恩返しができるのではないかなどと正直考えていたが、様々な人たちと新たに出会い、初めての経験を積む中で、自らが改めて成長させていただいていることを実感する場面が多くあった。また、教育の地域間格差にこだわり続けてきた私が、愛知県で一番小さな町の教育長に就任することで、そのこだわりをもうしばらく続けられ、現場の視点から新たな発見がいくつもでき、それを発信できたことにも感謝しなければならない。

人々の価値観が多様化している現在、ある事を成そうと思えば、賛同し、応援してくださる人たちの数は程度の差こそあれ、自ずと限られるのだろうと思う。すべての人が賛同されることならば、そのこと自体はすでに成されていると認識することが自然であり、見直しや改善が必要な課題が手つかずのままにされてきた背景には、必ずや賛成・反対の意見が双方あるからだということは理屈の上でもわかるというものである。

人は誰からも好かれたいと思うのは当然である。そして、誰からも好かれようと思うあまり、本来の自分の意思までも見失ってしまうことはままあることだ。意見の異なる人との議論はとても大切で、その中でお互いが歩み寄りながらベストの施策を形成していくことはあらゆる行政手法の基本である。しかし、その過程でいつの間にか、個人的な思いが頭をもたげ、自らを安全な場に置いておきたい、あるいは誰からも嫌われたくないことを何よりも優先してしまうことは人の世の常でもある。

こうしたことは頭の中では理解できるものの、地元の教育関係者はじめ役場内外からの評価ばかりに心を砕く瞬間に、自分が就任した意味の半分はなくなってしまうと思ってきた。役場内での教育委員会制度のさらなる理解、守旧的とも言われるこの地域の教育行政手法の見直しなどは、何よりも優先的に取り組んでみたいと思っていたからである。

私が常々心掛けてきたのは、目先の評価にこだわるよりもたとえ一歩でも遠くを見据え、ほんの少しばかりでも大局的な視点から信念に基づいた仕事をしておきたいということであった。ただし、日常の業務でこだわり通すことは現実にはとても難しいことでどれ程仕事に反映されたか自信はない。不器用な性格は自分が最も知るところであるが、誰に対しても当たり障りのない対応ばかりに執着することは、やがて誰からも信頼をなくすことにつながると信じてきた。時には、青臭いとも言える正義感が頭をもたげるために、周囲の皆さんに迷惑をかけたこともあったと思う。組織人としての自分の限界、組織の上に立つ者としての懐の深さ、器の容量の限界がそこにはある。融通の利かない性格はどうにも治癒しそうになく、どうやら未熟のままで終わりそうな気配である。

教育長任期の一期目三年間は瞬く間に過ぎていた。二期目の任命について審議する町議会では、採決に参加した議員九人のうち私の再任賛成者は五人であった。何よりも私の人望がないことの証ではあるが、一期目には従来から続く町教育委員会の組織体制や業務内容の見直しに多くの力を注いでいたことから、それらの仕事が道半ばであることは明らかで、その評価と考えれば十分納得ができる票割である。また、私の遠距離通勤により緊急時に適切な対応が難しいという不安もその要因のひとつと考えられるが、人口も多くない限られた地域から人材を探すことの難しさも改めて浮き彫りにされたように思う。

私は、議決があったこの時に本会議場で改めて覚悟をしている。それは、「町のために役立つと自分が信じる仕事をやり切っておこう」という、当たり前の覚悟であり、同時に、後悔だけはしないように全力で職責を全うしようという覚悟である。

議会採決の夕方、一人の町民から電話をいただいた。私への激励の言葉である。予想もしなかったこの電話は本当に嬉しかった。役場の窓から町域のすべてが見渡せるこのコンパクトな町の中に、私の仕事を理解し、応援してくれている人がいる。この電話は、その後の私を支える大きな原動力となった。

在任中に新たな出会いや体験をするなど多くのものを得た一方で失くしたものもいくつかある。とりわけ、県庁時代から長年にわたり交流していただいた方々の中には、置かれている立場の違いから様々な場面で考え方が交錯した方もみえ、苦い思いをしたことは自分の心に深く、重くのしかかっている。また、かつてお世話になった県教育委員会に対しては小さな町の教育長の立場から率直な意見を述べさせていただいた。これで良かったと思う反面、もう少し柔軟な対応ができたのではと未だに悩む自分がいる。

学生の頃、愛知県の教員人事の特殊性を扱った新聞記事に触れたことが契機となり、その分野の勉強を重ねるうちに、記事の内容が自ら経験した義務教育段階での機会均等や教育水準の平等性確保への疑問と無関係ではないことを徐々に知るところとなった。なぜ、公務員を目指したのかと問われれば、直ちにこの問題にこだわりたかったためと回答するだろう。

私が長年お世話になり、ご迷惑をおかけしてきた方から「最後は教育行政で終わってほしい」という言葉をいただき、町の教育長就任の打診をいただいてから六年が経過する。受け入れていただいた豊山町と町民の皆様には心から感謝をしている。この立場でなければ体験できなかった緊張感は何事にも代え難く、お陰様で機会あるごとに教育の地域間格差の視点からの問題提起を続けさせていただくことができた。

近年、様々な形で教育格差の傾向が拡大していることを肌で感じることが多くなった。戦後の新しい教育制度の中で、国土復興を目指して日本の津々浦々まで同一水準の教育を施そうと国を挙げて努力していた時代があった。戦後八十年近く経過した今、その理念は希薄化し、施策自体も形骸化してしまったのではないか。むしろ教育にとって好ましからざる状況が様々な形態で徐々に浸み込みつつあると私には見える。未来を担う子どもたちの教育に格差が生じてしまう状況を安易に見過ごしてはいけない。すでに一部の識者から指摘があるように、義務教育段階での地域間格差は日本人全体の広範囲な領域でさらなる格差を助長し、やがて国民全体の力の低下につながっていくだろうことを憂慮する。

一五歳の春に故郷の島を離れて以来、島のためになることは何ひとつできないまま、細々と教育の地域間格差にこだわり続けてきた細やかな役人人生であった。わがまま一筋の私は、職場で支えていただいた皆さんをはじめ、家族の理解と協力のお陰でここまで来ることができた。ただただ感謝するばかりである。

本書に記載した内容に関する認識の違いや言葉足らずの部分などについてご叱責やご批判をいただく点もあろうかと思う。至らぬ点はどうかご容赦をいただきたい。

執筆にあたり、多くの方々からご意見やご支援をいただくなど本当にお世話になった。とりわけ、出版に至るまでの手引きをいただいた中部大学教授水野智之氏、学校の現状や文書の指導をいただいた国語科教員の小坂井美衣氏、出版のノウハウを丁寧にご教示いただいた風媒社の劉永昇氏、そして何よりも私を受け入れていただいた豊山町と多くの町民の皆様に心から御礼を申し上げる。

教育委員会制度本来の趣旨がどこの小さな町にもさらに浸透していくとともに、お世話になった豊山町がますます発展されることを願ってやまない。

主な参考文献

『教育改革のやめ方』広田照幸（岩波書店　二〇一九年）
『学校はなぜ退屈でなぜ大切なのか』広田照幸（筑摩書房　二〇二二年）
『学校の役割ってなんだろう』中澤 渉（筑摩書房　二〇二一年）
『学校って何だろう　教育の社会学入門』苅谷剛彦（筑摩書房　二〇〇五年）
『学校制服とは何か　その歴史と思想』小林哲夫（朝日新聞出版　二〇二〇年）
『「発達障害」と間違われる子どもたち』成田奈緒子（青春出版社　二〇二三年）
『日本を滅ぼす教育論議』岡本 薫（講談社　二〇〇六年）
『文明としての教育』山崎正和（新潮社　二〇〇七年）
『校長室はなぜ広い　教育深化論』森 隆夫（教育開発研究所　二〇一一年）
『壊れる日本人』柳田邦男（新潮社　二〇〇五年）
『コロナ後の世界』大野和基 編（文藝春秋　二〇二〇年）
『コロナ後の世界を生きる』村上陽一郎 編（岩波書店　二〇二〇年）
『１１００日間の葛藤』尾身茂（日経ＢＰ　二〇二三年）
『スマホ脳』アンデシュ・ハンセン（新潮社　二〇一九年）
『14歳からの哲学―考えるための教科書―』池田晶子（トランスビュー　二〇〇三年）
『改訂版　見える学力、見えない学力』岸本裕史（大月書店　一九八一年）
『今、義務教育が危ない！』日本の教育を考える一〇人委員会（ぎょうせい　二〇〇七年）
『市町村の教育改革が学校を変える』小川正人（岩波書店　二〇〇六年）

『世界』第九三七号（岩波書店　二〇二〇年）
『中央公論』二〇二〇年七月号（中央公論新社　二〇二〇年）
『ある犬のおはなし』kaisei（トゥーヴァージンズ　二〇一五年）
『閉塞経済』金子 勝（筑摩書房　二〇〇八年）
『半径1メートルから見た日本経済』飯田経夫（PHP研究所　一九九〇年）
『日本経済はどこへ行くのか』飯田経夫（PHP研究所　一九八六年）
『「まじ」の哲学　平成若者論』千石 保（角川書店　一九九六年）
「新しい時代の学びを実現する学校施設の在り方について」学校施設の在り方に関する調査研究協力者会議（文部科学省　二〇二二年）
『学制百年史』文部省（ぎょうせい　一九七二年）
『学校教育の戦後70年史』日本児童教育振興財団 編（小学館　二〇一六年）
『文部時報』No.一三四七　文部省 編集（ぎょうせい　一九八九年）
『愛知県教育史』第六巻　愛知県教育委員会（二〇二三年）
『半田高等学校百年誌』半田高等学校一〇〇周年記念事業実行委員会（二〇一九年）
『豊山町誌　町制施行五〇年のあゆみ』豊山町史編さん委員会（豊山町　二〇二二年）

北川昌宏
名古屋大学法学部を卒業後、愛知県庁に入庁。教育委員会事務局に長年勤務、教職員課長、知事政策局次長、尾張県民事務所長、愛知芸術文化センター長などを歴任。定年退職後、名古屋空港ビルディング（株）常務取締役などを経て、平成30年10月に愛知県豊山町教育長に就任。

装画／表「花梨」、裏「時の移ろい」（ともに北川昌宏画）

小さな町の教育長

2024年9月21日　第1刷発行　　（定価はカバーに表示してあります）

著　者　　北川　昌宏
発行者　　山口　　章

発行所　名古屋市中区大須 1-16-29
振替 00880-5-5616 電話 052-218-7808　風媒社
http://www.fubaisha.com/

＊印刷・製本／モリモト印刷　　乱丁本・落丁本はお取り替えいたします。
ISBN978-4-8331-0966-6